Coleção Astrologia Contemporânea

A Astrologia, como linguagem simbólica que é, deve sempre ser recriada e adaptada aos fatos atuais que pretende refletir.

A coleção ASTROLOGIA CONTEMPORÂNEA pretende trazer, na medida do possível, os autores que mais têm se destacado na busca de uma leitura clara e atual dos mapas astrológicos.

Dados Internacionais de Catalogação na Publicação (CIP)
(Câmara Brasileira do Livro, SP, Brasil)

Paul, Haydn R.
Fênix ascendente : explorando o Plutão astrológico / Haydn
R. Paul ; [tradução Bettina Becker]. — São Paulo : Ágora, 1993.
— (Coleção Astrologia Contemporânea)

ISBN 85-7183-422-9

1. Astrologia 2. Plutão (Planeta) I. Título. II. Série.

93-0399
CDD-133.5

Índices para catálogo sistemático:
1. Astrologia 133.5
2. Plutão : Planeta : Astrologia 133.5

Fênix Ascendente
Explorando o Plutão astrológico

Haydn R. Paul

AGORA

Do original em língua inglesa
Phoenix Rising — Exploring the Astrological Pluto
Copyright © 1992 by Haydn Paul

Nenhuma parte desta publicação poderá ser reproduzida,
guardada pelo sistema "retrieval" ou transmitida de qualquer modo
ou por qualquer meio, seja eletrônico, mecânico, de fotocópia,
de gravação ou outros, sem a prévia autorização
por escrito da Editora.

Tradução:
Bettina Becker

Revisão técnica:
Marion Yurgel Gorenstein

Capa:
Ricardo de Krishna

Todos os direitos reservados pela

Editora ÁGORA Ltda.
Caixa Postal 62564
01295-970 — São Paulo, SP

Sumário

O princípio 7

1. Os mitos de Plutão 9
2. As faces do Plutão astrológico 13
3. Deus do mundo inferior 23
4. Plutão e os aspectos planetários 45
5. Plutão na casa natal 105
6. Trânsitos pelos signos e casas 121

   Introdução aos trânsitos de Plutão 121

   Plutão através dos signos 127

   Plutão através das casas 142

7. Plutão esotérico 157
8. O desafio da visão transpessoal 167

   Conclusões 177

O Princípio

Por volta de 1905, Percival Lowell estava convencido de que ainda havia em nosso sistema solar um planeta por descobrir, além de Urano e Neturno. Usando seu telescópio um tanto primitivo e suas habilidades matemáticas, estava decidido a provar que as variações nas órbitas desses dois planetas eram provocadas por outro, que ele chamava de "planeta X". Apesar de seu entusiasmo e de seus esforços para provar a existência do "planeta X", morreria, em 1916, frustrado por seu fracasso em demonstrar a realidade desse planeta oculto, que ele acreditava estar influenciando as órbitas de Urano e Netuno. Só no início de 1930 Clyde Tombaugh conseguiu apresentar dados claros e científicos sobre o poderoso "planeta X", que então estava transitando pelo signo de Câncer.

O planeta misterioso logo foi rebatizado pela comunidade astronômica e científica: "X" tornou-se Plutão, um deus interior redescoberto no céu.

Até este século Plutão esteve oculto no inconsciente do homem, revelando sua existência na mitologia; particularmente, no mundo ocidental, na mitologia dos panteões grego e romano. Apesar de oculto, Plutão sempre teve profunda influência na vida humana, mas só agora o homem é capaz de enfrentar essa energia face a face, uma vez que lhe é oferecida a opção de uma vida mais rica ou o potencial de uma "morte mais rica", conforme o caminho de transformação que a pessoa decida tomar. O dos finais ou o dos inícios.

O surgimento de Plutão no consciente da humanidade, em 1930, indica que é o momento de explorar uma nova dimensão da vida, já que uma nova e poderosa energia, com suas qualidades e características peculiares, começa a ter um impacto direto sobre ela.

Plutão surge para definir os desafios a serem enfrentados pelo mundo durante e além do século XX, e atua como diretriz à medida que passamos do final da Era de Peixes ao início da Era de Aquário. Bastante oportuno, uma vez que Plutão está associado aos finais e aos inícios, à morte e à ressurreição na nova vida.

No mundo da ciência, Plutão já foi associado à indústria nuclear e às armas nucleares sob a forma do plutônio, que quando usado para gerar energia ou em armas é extremamente poderoso, emitindo radiações e destruição potencial. Inicialmente, essa associação negativa é a mais óbvia, aliada a uma reação humana contra as características de Plutão levam à mudança e a uma falta de compreensão do processo cujo guardião e guia é Plutão. Para contrabalançar nosso potencial de destruição da Terra, Plutão nos dá a oportunidade de transformar o mundo; esse é um tema subjacente a essa análise de Plutão, culminando na visão transpessoal. Um final ou uma "morte" parecem, de certa forma, inevitáveis. A questão é: que tipo de vida nova poderá surgir? Poderá ser um triunfal renascimento da Fênix como ressurreição e celebração da vida? Ou serão apenas cinzas levadas pelo vento através do mundo?

Individual e coletivamente, a escolha é nossa. A vida é determinada por nossas opções pessoais, mais ou menos importantes, em todas as situações, e somos capazes de tomar decisões conscientes. É uma difícil responsabilidade, e apenas pela iluminação e pela expansão da consciência numa percepção abrangente do *self* e do mundo as escolhas certas serão feitas. Essa mudança na consciência é o objetivo de Plutão, exigindo muito de cada pessoa e da humanidade em geral.

Este livro é uma tentativa de esclarecer e revelar Plutão ao público. Foi escrito para mostrar uma estrutura na qual pode ocorrer a necessária mudança da consciência e para permitir que a pessoa participe conscientemente do processo de redenção mundial.

CAPÍTULO 1

Os Mitos de Plutão

Existem mitos bastante sugestivos associados a Plutão e que dão algumas indicações e instruções para entendermos a natureza do Plutão astrológico.

Plutão é um nome romano, anteriormente conhecido pelos gregos como Hades: em ambos os casos era o deus do Mundo Inferior. Originalmente, os nomes eram associados ao conceito de tesouros e riquezas ocultos além da imaginação, que só poderiam ser encontrados sob a superfície da terra, acessíveis apenas através de cavernas secretas que desciam lentamente às entranhas do planeta, longe da luz do mundo conhecido da superfície. Isso, na interpretação de astrólogos humanistas ou junguianos, sugere que o reino oculto é o reino do inconsciente coletivo e individual, onde o intrépido viajante e aventureiro deve entrar sozinho para obter conhecimento secreto e riquezas incalculáveis. Lá talvez possa ser encontrada a "pérola de grande valor", a "jóia do *self*", à qual se deve oferecer tudo no altar do sacrifício, arriscando tudo, para ganhar tudo.

Hoje Hades está associado ao conceito ocidental de Inferno, como resultado de séculos de domínio e teologia cristãos, o que é uma pena, porque essa associação atua como uma barreira psicológica para as pessoas. Hades, o Inferno e as terras do Mundo Inferior têm sido vinculados ao mal e ao conceito bíblico de Satã, e o cristianismo está sempre nos alertando contra o envolvimento com esses misteriosos reinos da vida.

É, na verdade, uma proibição de contato da mente inconsciente com os antigos deuses para tentar impedir que a gnose individual aconteça e manter a primazia de Cristo e a mediação do sacerdócio. O fato é que a luz que brilha eternamente é encontrada na escuridão mais profunda e que "o caminho para o céu passa pelo inferno".

Tradicionalmente, Hades é a terra onde as sombras dos mortos esperam o renascimento e a ressurreição, é um purgatório onde um processo de purgação e purificação as prepara para o próximo passo de sua jornada. É como um limbo, não é aqui nem lá, fazendo lembrar os ensinamentos espirituais que consideram o homem como um ser adormecido, sonâmbulo, que vaga pela vida parcialmente consciente, embora acredite estar acordado de fato. Para a maioria das pessoas, a verdadeira luz está na mente inconsciente. Portanto, é a mente superficial na qual vivemos nossa vida cotidiana que é inconsciente; aquilo que chamamos de inconsciente é onde está a luz. Como disse Buda, "o mundo está de cabeça para baixo" e "a luz está na escuridão, mas a escuridão não a compreende". Se não fôssemos tão egocentricamente limitados, consideraríamos nossa mente consciente (um fragmento da percepção potencial) a verdadeira escuridão inconsciente, pois pouco sabemos a respeito de nós mesmos.

Nos mitos, aqueles que trazem a luz muitas vezes são vistos penetrando no Hades ou Mundo Inferior. Seu objetivo é fazer brilhar a sua luz redentora para salvar as almas atormentadas no purgatório. Cristo é um exemplo durante os três dias entre sua morte e ressurreição. A verdade pode ser que, para renascer, eles precisem descobrir naquele reino a própria luz interior. Orfeu foi procurar sua alma perdida no reino de Plutão, descendo às profundezas de sua própria natureza. Plutão é sempre um anfitrião hospitaleiro; não tem muitos seguidores e sempre está tentando estimular alguma reação nas milhões de sombras adormecidas, e embora a jornada para encontrá-lo possa ser extremamente difícil e dolorosa, ele está esperando para oferecer um prêmio estimulante — uma bebida revigorante!

Obviamente, esses mitos são alegóricos. Gurdjieff sugere a seus discípulos que o homem não tem, por natureza, uma alma; deve criá-la ou encontrá-la. O objetivo por trás das palavras do mestre é indicar que é preciso um esforço considerável do aspirante para vivenciar a dimensão espiritual da vida. Está insinuando que nem sempre os ensinamentos que afirmam a "realidade da alma" são verdadeiros, e podem ser considerados uma tentação para que o seguidor procure evitar um esforço real para descobrir a verdade pessoal. Mesmo a sugestão de Gurdjieff não é, necessariamente, verdadeira, mas uma técnica de ensino. Onde pode ser encontrada essa alma misteriosa? Nas profundezas do *self*: no mundo de Plutão.

O mito de Perséfone mostra que Plutão (deus do inconsciente) não fica sempre oculto em seu reino, mas, periodicamente, faz uma incursão — no dia de folga — ao mundo da superfície, para dar uma olhada e marcar sua presença. Astrologicamente, poderíamos dizer que ele faz isso nos trânsitos e progressões.

Esse é o Plutão estuprador, símbolo e imagem que provocam as associações mais desagradáveis, especialmente entre as mulheres de hoje, devido ao nítido aumento dos crimes sexuais violentos na sociedade ocidental. O aumento do número de crimes sexuais contra mulheres e crianças tem a ver com o surgimento de Plutão neste século e com seu atual trânsito por Escorpião. Mas o mito de Perséfone parece ter surgido como uma representação simbólica do processo que ocorre na consciência. A história conta que Plutão vem à luz do mundo da superfície e é tocado pela beleza juvenil da inocente e virginal Perséfone, filha da deusa da natureza, Ceres/Deméter. A adolescente é então raptada, levada para o Mundo Inferior, iniciada pelo "estupro" e coroada rainha do reino de Plutão. Depois de ficar lá um certo tempo, Perséfone é libertada e lhe é permitido rever sua atormentada mãe. Mas só pode ficar por tempo limitado afastada de seu consorte, Plutão, devendo voltar ao Mundo Inferior. Em algumas versões, é sugerido que Deméter deve substituir Perséfone no Hades enquanto esta estiver no mundo da superfície, o que também está ligado aos mitos da fertilidade, ao ritmo das estações e aos ciclos de crescimento da natureza.

Embora pareça um conto de corrupção cruel, é um símbolo de um processo psicológico pelo qual a intrusão de Plutão (a mente inconsciente) na consciência é sentida como uma violação interior, tanto pelas mulheres como pelos homens, à qual é impossível resistir ou livrar-se incólume. Costuma causar choque e surpresa, certamente desagradáveis e nada bem-vindos. Mas o momento do rapto é justamente o ponto em que a mudança começa, em que o padrão interior individual de potencialidade indicado no mapa natal é estimulado, para levar a um novo ciclo de percepção e expressão, a um confronto com o "destino".

Para Perséfone, é o momento de ser iniciada em sua própria feminilidade, de ser tirada à força de sua realidade anterior, já superada, e forçada a experimentar e mudar, para, literalmente, se acomodar a um novo mundo. É parte de um processo, inevitável desde seu nascimento e, como sempre, Plutão desempenha o papel mais adequado, de imagem e símbolo de sua iniciação ou guardião do tempo de sua vida. Essa é uma experiência vital para o desenvolvimento e traz em si uma "fórmula", a qual sugere que ser penetrado pelo inconsciente leva a uma maior luz/*insight*, propiciando integração interior e autodesenvolvimento. Perséfone sai de seu "estupro" iniciático como uma mulher mais madura e consciente. A adolescente ingênua se foi e vai ao encontro de sua mãe a partir de perspectiva de renascimento e maior integração. Esse processo continuará sempre que ela voltar anualmente ao reino de Plutão, pois uma "verdadeira iniciação nunca acaba"; pode-se reconhecer o momento em que o processo começa, mas não há indicação de quando termina.

O livro de Madame Blavatsky, *A doutrina secreta*, associa Plutão aos atributos de uma serpente divina, ligando-a ao caduceu, o símbolo da medicina, e à serpente da Árvore do Conhecimento do Bem e do Mal. A Cobra do Mundo, Uroboros, é associada ao abismo, o caos do qual a vida emerge ou o inconsciente coletivo, do qual emerge a mente. É interessante notar que o símbolo original de Escorpião — que na astrologia moderna dizem ser regido por Plutão — era a cobra, em vez do escorpião. A cobra, provavelmente, é mais apropriada do que o escorpião, porque as cobras deixam sua velha pele para surgirem "renascidas" com uma nova pele exterior e este parece ser um símbolo mais adequado a um signo associado ao renascimento.

Plutão é um deus misterioso e extremamente poderoso, e costuma aparecer envolto num manto de escuridão, que serve para repelir os que ainda não estão prontos para o seu toque e se encolheriam de medo sob seu olhar transformador. Entretanto, o manto esconde o fato de que nas profundezas da escuridão reside o estonteante brilho de sua luz. Plutão é um curador da psique não-ortodoxo mas extremamente eficaz e iniciador do caminho da iluminação, um unificador de opostos complementares e contraditórios, aquele que supera as dualidades.

O mito do pássaro lendário, a Fênix, é a imagem, no mundo da superfície, da realidade oculta de Plutão. É um símbolo arquetípico da imortalidade da vida que habita a forma. É o pássaro perpetuamente capaz de renascer para uma nova vida das cinzas do antigo *self* superado e gasto; essa é a chave para muitos dilemas humanos e muitas dores e sofrimentos desnecessários. Essa análise é uma tentativa de girar a chave e lançar um pouco de luz no processo de trabalhar com Plutão e nele confiar. Se bem-sucedida, todos podemos nos beneficiar. Adote a Fênix como símbolo orientador, use-a como apoio e guia, e confie na Fênix Ascendente.

CAPÍTULO 2

As Faces do Plutão Astrológico

Plutão é um dos três principais planetas transpessoais. Os outros são Urano e Netuno, e todos têm uma característica transcendental e uma função individual e coletiva. Proporcionam uma abordagem simbólica ao processo de ingresso na vida transpessoal. Com esses planetas, nos movemos do relâmpago da percepção mental (Urano) à união mística com a vida (Netuno) e ao renascimento transformador e ajuda à humanidade, que encerram as mudanças essenciais necessárias (Plutão).

Esses planetas transaturninos simbolizam os aspectos universais da consciência, em que a mente opera dentro de uma dualidade transcendental, num nível ainda não reconhecido pela maior parte da humanidade. Isso quer dizer que a maioria das pessoas ainda não é capaz de responder conscientemente a essas energias e que seu impacto sobre a humanidade se dá no nível do inconsciente coletivo — por isso as características mais "negativas" parecem dominar, uma vez que as energias e impulsos interiores não são compreendidos ou são aplicados incorretamente. Freqüentemente, essas energias parecem atuar como "destinos" interiores, levando homens e mulheres cegos e inconscientes a situações de crise, quando sentem que suas escolhas eram "inevitáveis" ou que foram "compelidos" a agir de uma determinada forma. A ignorância resultante de não termos consciência do próprio *self* raramente é recompensada e, geralmente, leva a um grande sofrimento.

Entretanto, um número crescente de pessoas no mundo está sendo diretamente influenciado por esses planetas, particularmente pela energia de Plutão, regente das massas e dos "discípulos". Para esses aspirantes espiritualmente orientados, a transformação se insere num contexto mundial e não, exclusivamente, como um processo pessoal de redenção e cura, mas intimamente relacionada à cooperação com a sociedade e se manifestando de diversas formas. Para essas pessoas, quanto melhor puderem ser esclarecidos a natureza e o efeito dessas energias, maior a possibilidade de que sejam empregadas de maneira criativa e positiva.

Os principais temas associados a Plutão dizem respeito ao renascimento e à regeneração, ao ciclo de vida, morte e renovação, aos processos de transformação e eliminação durante a vida e à energia intrínseca da mudança. Esses são importantes temas vitais que, de várias formas, tendem a condicionar o pensamento e os sonhos da humanidade. O desenvolvimento das sociedades se reflete na política, na religião e na cultura, que surgem como reação ao impacto desses temas. A maioria das sociedades modernas é extremamente cautelosa quanto aos conceitos de transformação, renascimento e mudança, que emanam do povo. O sistema político e as lideranças preferem adotar uma atitude reacionária, concebida para impor ao povo uma ordem social mais estática, que dá a ilusão de permanência e esconde um mundo em geral perturbador, caótico e misterioso.

O renascimento, com o qual Plutão está intimamente identificado, se refere principalmente aos âmbitos da emoção, da mente e da auto-imagem ou identidade. A morte e a degeneração gradual da forma física são consideradas inevitáveis, mas Plutão procura transformar o nível de consciência pessoal a partir de dentro. O ciclo natural de vida na Terra está ligado à passagem do tempo e ao poder criativo do universo, que está empenhado num contínuo processo de novas criações e constante originalidade, pela reciclagem dos padrões essenciais criadores da forma.

Como a energia de Plutão tem uma poderosa qualidade expansionista, ela entra em conflito com as forças reacionárias, nas pessoas e na sociedade, que preferem a aparente estabilidade do já conhecido. Geralmente, as pessoas desconfiam das mudanças, não acreditando realmente que elas dêem certo no final. A força da inércia pode ser construtiva porque reduz o impacto da energia transformadora, dando tempo para a adaptação à sua inevitabilidade; mas, em última análise, é inútil para se contrapor a um processo universal.

Somos criaturas presas aos hábitos, reagindo à vida por desgastados canais de reações previsíveis. Quando Plutão surge em nossas vidas, ele vem como um choque, provocando ondas de confusão e destruição em seu despertar, exigindo que mudemos ou enfrentemos as inevitáveis conseqüências de nossas ações e escolhas. Nosso antigo padrão de *self* tem suas fundações abaladas, a estabilidade é sacudida e as bases nas quais nos apoiávamos são retiradas. A hora do renascimento chegou. Estamos prontos ou somos capazes de responder positivamente? Não, raramente; nossa reação imediata, em geral, é tentar restabelecer os velhos apoios e a proteção contra o mundo desconhecido que, de repente, se abriu à nossa frente.

Muitas vezes, as mudanças que nos são "impostas" e que são inevitáveis na vida estão associadas, internamente, ao nosso medo da morte, ativando o perturbador reconhecimento do fato de sermos mortais. A influência de um Plutão emergente estimula sentimentos de descon-

14

forto. Ninguém quer morrer, e temos a desconcertante sensação de morte iminente que tenta nos forçar a encará-la. Plutão não acredita em encher garrafas velhas com vinho novo; ele destrói para renovar e recriar um modo mais adequado de proceder, tanto do indivíduo quanto de uma civilização.

O fenômeno da sincronicidade costuma acontecer quando há perturbações na mente inconsciente, quando os "eventos, pessoas e experiências externas" são percebidos (talvez tardiamente) como estranhamente ligados às mudanças interiores que estão acontecendo na psique. Algumas novas portas podem ser abertas, enquanto velhas portas podem se fechar; relacionamentos podem terminar, ideologias podem ser desvalorizadas, ambições podem ser destruídas ou frustradas. É inevitável uma agitação interior, um surto de libertação e a dissolução de padrões habituais de atitudes, valores, ideais, auto-imagens que acreditávamos serem nós mesmos. São esses apoios da personalidade que Plutão está decidido a transformar, enfatizando-os de tal modo que torna inevitável sua confrontação. Essas características são trazidas à superfície da mente consciente e, assim, os efeitos de sua manifestação se tornam óbvios; geralmente, essas características são condicionadas por uma tendência mais egoísta, que leva ao conflito e a relacionamentos em que não há respeito mútuo. Ampliadas para o âmbito mundial, elas criam problemas globais.

Podem ser feitas tentativas para resistir e retardar esse processo, mas isso provavelmente criará mais dor e sofrimento. Quando libertado, Plutão é implacável na perseguição de seu objetivo, e despreza os medos e ansiedades humanos, considerando-os uma dor que tem de ser sofrida no caminho para uma consciência maior. O pânico pessoal apenas intensificará a tensão interior, que conduz mais rapidamente ao sucesso ou ao fracasso.

O impacto de Plutão tende a ser profundamente catártico, eliminando aspectos superados do *self* para que possa haver regeneração. Não há nascimento sem dor, e, nesse caso, a pessoa é tanto portadora da nova vida como a parteira que quer fazê-la nascer em segurança. Mas a nova vida encerra novos *insights*, uma nova forma de experiência que transformará para sempre o cotidiano e a visão de mundo.

Conforme o nível em que isso aconteça, a mudança pode ser súbita e traumática, como um novo mundo descoberto da noite para o dia, ou pode levar tempo, até que se tornem claras as implicações da mudança interior resultantes da crise pessoal. Na fase de crise, podemos achar que na vida não há nenhum apoio real, em lugar nenhum, que uma desintegração pessoal não pode ser evitada, física ou psicologicamente, e que o solo onde ancoramos nosso senso de individualidade e realidade é, na verdade, areia movediça na qual estamos afundando e nos afogando.

Você não sabe para onde se virar ou o que está acontecendo, mas deve suportar o processo e examiná-lo cuidadosamente, antes que sua natureza essencialmente positiva se revele. A primeira vez é a pior, porque a natureza do processo não é compreendida e, até que o pico da crise seja atingido, seu significado subjacente não é registrado pela mente consciente. Depois disso, você terá um *insight* pessoal do mito da Fênix, símbolo da trajetória da humanidade.

As relações sociais e íntimas são uma área favorita da influência de Plutão, e ele aí atua principalmente nos níveis emocionais, em geral voltados para interesses egocêntricos. As emoções são as experiências mais reais de nossa vida interior, e podem ser, sem que o saibamos, a voz formadora de nossas opções de vida, possibilidade que em geral é subestimada. Mas essa é uma dimensão nossa pouco compreendida, já que a mente analítica tem dificuldade para captar sua intangibilidade errática. Nossas emoções nos tornam muito vulneráveis à dor, e esse sofrimento pode atingir todos os níveis de nosso ser. A maioria das pessoas tende a erguer barreiras protetoras, interiores e exteriores, em torno de suas emoções, para impedir uma vulnerabilidade ao sofrimento. Ao fazer isso, freqüentemente, elas negam e reprimem a experiência potencial dos aspectos integrais da vida. Suas emoções não encontram acesso fácil para serem expressas e liberadas e, eventualmente, fermentarão um veneno que pode transformá-las em aleijadas emocionais ou pessoas socialmente perigosas.

A intimidade e o rompimento das barreiras protetoras provocam vulnerabilidade pessoal. Possuída pela estranha experiência chamada apaixonar-se, a vida interior se desintegra num sentimento confuso e extático de dor-prazer. Então, exigindo manifestação, aceitação e integração, surgem poderosos desejos, paixões, necessidade de possuir e devorar, obsessão pela pessoa amada, talvez conflitos sexuais, ciúmes e até ódio por nos sentirmos tão fora de controle, especialmente quando o outro parece tão controlado e senhor de si.

Plutão vê isso como uma arena ideal para estimular a atividade inconsciente, para transformar áreas de escuridão interior nas quais uma passagem pelo inferno possa levar à purificação e maior sabedoria, em conseqüência da experiência penosa. Ou, pelo menos, essa é a intenção e o ideal do crescimento positivo. Seguramente, diversos aspectos da personalidade emergem em conseqüência do processo amoroso e costumam ser perturbadores para a pessoa, que, dominada por sua intensidade, está atacando às cegas!

Plutão parece absorver a energia da crise emocional, usando-a para alimentar ainda mais as suas chamas. Fornece potencial de crescimento emocional e integração, geralmente pela experiência das emoções mais destrutivas. As características de possessão, obsessão e compulsão dominam a pessoa que está sob a influência não-integrada de Plutão, parecendo levá-la inexoravelmente a um destino inevitável que espera ser realizado. A pessoa pode sentir-se impotente para evitar esse destino ou até sem qualquer controle sobre a direção a tomar.

À vezes, isso pode envolver a atração por experiências socialmente consideradas tabus, em que a pessoa sente uma intensa atração e repulsa emocional por seus desejos e fantasias obsessivos. Essa atração pode tornar-se um caminho positivo para iluminar a escuridão interior, mas, freqüentemente, não é isso que ocorre, devido ao sentimento de culpa por transgredir leis sociais ou morais. A despeito da culpa, Plutão tende a levar as pessoas nessas direções, em parte para agir como seu libertador. Então, a energia que foi confinada e inibida precisa ser liberada ou expressa de alguma forma: a negação ou a repressão servem apenas para fortalecê-la. Uma compreensão maior da natureza desses impulsos e obsessões pode ajudar a liberar gradualmente a pressão interior e redirecionar a energia para canais mais saudáveis. Mas, em geral, a energia explode em atividade exterior como um estado de loucura temporária: em assassinatos, estupros ou violência.

É preciso lembrar que, nos mitos, Plutão é simbolizado como estuprador. Isso não justifica tais ações humanas, mas o estupro está ligado à necessidade de dominar (novamente, uma característica negativa de Plutão) e é um reflexo da falta de integração empática da consciência alienada e isola a do estuprador e da sociedade. A cura e a purificação do indivíduo a udarão a curar a sociedade.

Para libertar-se da obsessão, deve haver uma morte interior, um sacrifício. Como no mito de Perséfone, há um elemento necessário de separação e perda; seja essa perda o amor por alguém, um ideal ou uma crença, o sacrifício deve ser algo emocionalmente vital e sincero para fornecer a vitalização necessária à transformação. Num sentido arcaico, é como derramar o próprio sangue no altar.

A posição de Plutão na casa natal é a chave que indica onde começará o renascimento arquetípico. Nessa posição, há um véu muito tênue entre o consciente e o inconsciente, que permite um acesso fácil para a atuação de Plutão. A esfera de vida representada por essa casa se tornará muito influente na vida da pessoa, provavelmente como uma parte que ela gostaria de transformar, apesar de encontrar muita dificuldade para fazê-lo. Para isso, tem de haver alguma mudança, antes que os obstáculos sejam removidos do caminho. Se isso é possível ou não, depende daquilo que é exigido e da habilidade da pessoa para satisfazê-lo. Certamente, o sucesso não será fácil, porém, uma vez obtido, terá um efeito radical a partir de então. Nessa esfera da vida Plutão deseja oferecer uma importante "graça da integração", mas, como sempre, há um preço a pagar.

As pessoas, na sociedade ocidental, particularmente os homens, têm uma relação desconfortável com suas emoções, de certo modo consideradas como função inferior. As pessoas não são incentivadas a demonstrar suas emoções, pois muitas vezes isso é visto como sinal de fraqueza, exceto num contexto socialmente aceitável. Não há treinamento social para desenvolvimento e compreensão emocionais conforme as fases da vida, e é nesse nível que surge a maioria dos problemas individuais e sociais. A ênfase na mente analítica, com sua tendência inata à divisão, pode criar problemas sociais se não for amenizada pela empatia emocional com os outros. Muitos governos e burocracias, dominados por atitudes masculinas, adotam políticas radicalmente analíticas, em que não há empatia emocional. A emoção é uma energia perigosa quando reprimida, tanto no nível individual quanto no coletivo.

As relações sociais são ambíguas por natureza, e a tendência à obtenção de poder e domínio pode encontrar canais de expressão num contexto social ou político que não seja atenuado por nenhum limite, como acontece num relacionamento familiar mais íntimo. O uso negativo da energia de Plutão manifesta-se mais comumente onde a necessidade inconsciente de dominar leva à manipulação dos outros para realizar desejos puramente pessoais. A necessidade compulsiva de exercer poder sobre os outros, para obter ou justificar um sentimento de superioridade, é uma tendência comum, que todos nós certamente já encontramos. Aqueles que são possuídos por essa necessidade são egocêntricos, geralmente incapazes de comprometer-se e cooperar facilmente com os colegas, porque estão constantemente buscando o poder. Essas pessoas são impulsivas, quase obcecadas, tentam manipular as pessoas e as situações para obter vantagens pessoais à custa dos outros.

Neste século XX, muitos se ressentem de uma falta de sentido e objetivo pessoais. Com freqüência, são feitas tentativas de satisfazer essa necessidade pela adoção de doutrinas religiosas ou políticas, que são usadas como muletas exteriores para dar sentido à vida. Isso pode envolver certa submissão a carismáticos líderes religiosos ou políticos, ou à atitude de "seguidor", tendência que reflete a necessidade de pertencer a algo. Em alguns casos, isso pode ser benéfico, mas esses apoios exteriores sempre podem desmoronar, especialmente quando a pessoa descobre que tais líderes ou doutrinas são ineficazes para solucionar os problemas que afirmam poder resolver. O preço da desilusão pode ser alto e ter um impacto negativo sobre aqueles que erroneamente investiram muito de si no papel de seguidores, apenas para descobrir que seu mundo desmoronou — mundo no qual ingenuamente acreditavam e confiavam.

A astrologia humanística e transpessoal está interessada na busca do sentido individual, mas sua verdadeira ênfase é descobrir esse sentido no *self*, sem depender de apoios exteriores que, inevitavelmente, irão desmoronar. Esse sentido interior, percebido como uma força, um sentimento de segurança e estabilidade, intuição e conhecimento direto, é um mundo intensamente pessoal, que tem suas próprias leis e princípios. É nesse mundo que se acorda quando se realiza a travessia transpessoal.

Embora Plutão seja conhecido como Senhor do Mundo Inferior, parece que seu principal objetivo é esvaziar seu reino, liberar o conteúdo da mente inconsciente para a luz da consciência. É uma tarefa eterna, infindável, quase como as inúteis tentativas de Sísifo, empurrando a pedra para o alto do monte só para vê-la rolar novamente para baixo. Mas Plutão sabe que seus esforços têm algum resultado, que sua energia certamente não é desperdiçada e que há um desenvolvimento permanente. Entrar nesse mundo de significados requer fé e confiança consideráveis no propósito benigno da vida universal. Infelizmente, a maioria das pessoas não tem confiança suficiente, mesmo aquelas que crêem em um Deus puro e bom. Em seu apogeu, Plutão faz um convite que é uma proposta para experimentarmos a união com "Deus"; a maior parte das pessoas se afasta instintivamente, recusando-se a aceitar o convite, alegando ter compromissos mais importantes. Com freqüência, esses compromissos incluem dar palestras sobre "ensinamentos espirituais" ou ir para o campo ouvir essas palestras. Afinal, nossas prioridades devem ficar bem explicadas!

Plutão manipula eventos para encorajar (forçar) a pessoa a encarar sua própria natureza, seja um *self* oculto, seja a forma como ela se expressa nas relações íntimas e sociais. Quando forma aspecto com um planeta pessoal, no mapa natal ou por trânsito, indica que é necessária alguma luz na esfera de vida associada a este planeta. Um renascimento é exigido, parte do inconsciente requer redenção ou há um talento/qualidade latente que precisa ser expresso. Essas áreas têm a chave para a expansão do sentido e do propósito na vida e devem ser seriamente exploradas e trabalhadas. Esse é o propósito de uma resposta positiva a Plutão.

Plutão tem a tendência de estimular a formação de um problema ou de um desafio particularmente difícil para a pessoa. Esse problema assume a forma de um obstáculo, de barreira ao progresso real, mas é também o resumo do desenvolvimento da pessoa até aquele momento. Freqüentemente, a forma assumida pelo obstáculo está relacionada à casa natal em que se encontra Plutão. É um confronto com um desejo frustrado, desejo que parece absorver grande parte da energia da mente consciente. Essa pessoa é essencialmente capaz de satisfazê-lo ou resolvê-lo, e, no entanto, seus esforços são restringidos, talvez devido a razões ambientais, como preocupações econômicas ou familiares. A frustração se intensifica, vitalizando ainda mais o obstáculo. Muitas vezes, parece que estamos perante um muro de tijolos, sendo forçados ao confronto direto com essas compulsões estimulantes, essas paixões insatisfeitas, reconhecendo ser impossível ignorar sua realidade. É um bloqueio de energia, mas pode parecer um buraco negro onde os objetivos são despejados e ficam circulando à procura de uma resposta, de um jeito de curar o que é percebido como uma ferida infeccionada no centro de nossa mente e de nosso coração. É a reminiscência da ferida do Rei Aleijado da terra deserta, na tradição do mistério do Graal, que não pode ser curado até que o vitorioso Cavaleiro do Graal chegue com a resposta ou solução que resolverá a natureza de seu torturante problema. A pessoa deve tornar-se seu próprio Cavaleiro do Graal. Para estimular o processo de cura, deve ocorrer a renovação da pessoa (ou da terra deserta), ao ser encontrada uma forma de libertar a vitalidade das fontes da vida.

Seria como a reminiscência, da técnica do *koan zen*, em que o mestre faz uma pergunta ao aspirante esperando que ele demonstre sua compreensão e *insight*. O problema é que essa pergunta não pode ser resolvida ou respondida pela mente consciente analítica; o mestre está tentando estimular no aspirante uma experiência direta, não condicionada, que surge dos intensos esforços para "responder à pergunta". Essencialmente, a mente deve ser superada/transcendida no processo de meditação e obsessão pelo *koan* (obstáculo). Um típico *koan* é: "Se você não for iluminado nesta vida, em que vida você pretende ser?".

O obstáculo é a entrada para uma nova terra fértil, mas Plutão exige algum tipo de morte interior e de sacrifício para pagar o guardião da entrada: o custo é alto, mas as recompensas também. Certamente, quando o obstáculo atinge determinado "tamanho", é essencial para o bem-estar pessoal reduzi-lo e resolvê-lo; de outra forma, ele lançará sua longa sombra sobre toda a vida, envenenando-a e prejudicando-a de diversas maneiras. A porta está lá, sempre aberta, mas o problema pode estar no fato de você ficar parado, olhando sua própria sombra, que parece muito maior do que a porta e, por isso, você acha que não pode avançar e passar pela porta de entrada-saída para um novo caminho. Ou talvez a porta esteja fechada ou você a esteja fechando, em vez de ler as instruções para abri-la.

Em astrologia, Plutão é geralmente considerado um "planeta feminino", e embora isso seja importante, acho essa percepção limitada, pois o "feminino" é muito mais restritivo, especialmente da forma como nossas mentes o interpretam. Igualmente, considerá-lo bissexual, andrógino ou mesmo masculino, não revela sua verdadeira natureza, porque, dependendo da abordagem, ele é bem capaz de revelar todas essas facetas. Ele parece ser um refletor de um arquétipo unificado de todas as expressões de dualismo e opostos sexuais que vivenciamos na terra; uma "sexualidade" cósmica ou transcendental, um ponto de resolução extática ou uma semente do ser humano, essencialmente nem macho nem fêmea. O símbolo oriental do Tao parece uma representação adequada da peculiar energia de Plutão vivenciada pela humanidade. Contém o dualismo interior yin e yang como símbolo do mundo dos opostos, porém resolvidos dentro do círculo holístico do Tao.

Mas, para a pessoa, Plutão tem uma abordagem masculina, agressiva e penetrante, forçando uma resposta da "receptividade feminina", sem levar em conta o sexo da pessoa. Plutão está associado ao Feminino Divino, refletindo as imagens da Grande Mãe, Deusa, Kali; mas isso não significa necessariamente que ele seja o renascimento do poder feminino arcaico prefigurando uma nova era da "Mulher". Com certeza,

Plutão atua mais no âmbito emocional, como contrapeso ao atual predomínio da mente analítica no Ocidente, mas sua influência é poderosa em todos os níveis. Sinto que ele prenuncia o início de uma era de Humanidade, do Ser Humano como entidade holística e não como formas sexuais separadas. Nesse sentido, estamos prontos a começar a nos mover para além do yin e do yang, na experiência consciente do Tao.

Esse estímulo a um sentimento universal mais elevado levará à empatia intuitiva e a uma união da mente e dos sentimentos num ser novo e integrado. Atualmente, a ênfase está no equilíbrio, pois os pólos opostos podem ser extremos perigosos. O surgimento do movimento de emancipação feminina no Ocidente é um sinal de que o equilíbrio está sendo ajustado, preparando um novo progresso. O nascimento de uma nova consciência deve ser visto a partir de uma percepção de união e síntese, e não de tentativas de reerguer qualquer um dos opostos conflitantes a uma posição dominante. Esse tempo já passou.

Plutão não opõe maior resistência às estruturas e sistemas patriarcais do que aos matriarcais. Ele subverte-os todos quando o ciclo está se encerrando naturalmente, porque não conseguiram atuar como formas adequadas de expressão para o progresso evolutivo. É necessária uma nova fundação e uma nova estrutura, adequadas ao futuro, o que será visto no capítulo 8.

Plutão está associado à trindade hindu Brahman, Vishnu e Shiva, que representa as três principais energias, de criação, preservação e destruição, respectivamente. O disfarce é o de Shiva, deus da dança, o Grande Destruidor de Mundos, necessário para que a grande fecundidade criativa de Brahman possa recriar universos ainda mais esplêndidos. Plutão é como uma grande semente cósmica que tem potencial para uma vida maior; entrar na consciência receptiva e relacionar-se com essa energia dá ao indivíduo o poder de renovação e crescimento perpétuo.

CAPÍTULO 3

Deus do Mundo Inferior

A astrologia humanística contemporânea surgiu recentemente, com renovada importância para o mundo moderno, e resulta, principalmente, da união da psicologia do século XX com os mitos e as imagens da astrologia. Essa união da psicologia junguiana com o simbolismo e o *insight* astrológico, somada à crescente necessidade de se descobrir um vínculo interior com um objetivo, um significado e uma direção mais elevados na vida, criou uma nova astrologia centrada na pessoa. Esse "objetivo" centrado no mapa natal pode apontar novas formas de autopercepção e indicar os padrões interiores que favorecem o desenvolvimento do potencial pessoal ou de soluções para áreas interiores problemáticas, e também para trazer *insights* sobre como utilizar as energias vitais de modo responsável e benéfico. Ele diz respeito à necessidade de totalidade pessoal e integração entre corpo, emoções, mente e alma para criar um estado de equilíbrio e bem-estar interiores. O mundo é um reflexo do estágio da humanidade, e, como sugere Jung, se há algo de errado com a sociedade, há algo errado com os indivíduos que compõem essa sociedade. Cada um de nós contribui e participa do mundo; por meio de nossas ações, feitos, pensamentos e emoções exercemos uma influência real, coletiva e individualmente. Portanto, não podemos negar nossa responsabilidade no mundo; todos somos responsáveis.

Embora muitas pessoas queiram moldar o mundo exterior de acordo com suas preferências e preconceitos pessoais, isso não é tão simples. Parece haver um padrão subjacente que orienta a evolução global do mundo, uma ampla consciência planetária recentemente denominada "Gaia", que nas esferas esotéricas é "Sanat Kumara, o Deus". Embora pareça que pessoas poderosas possam ter um considerável impacto planetário, se suas tentativas de influenciar a direção planetária não estiverem alinhadas com o propósito oculto, inevitavelmente fracassarão e serão relegadas à História. Os seres humanos podem ser presunçosos em sua arrogância, desafiando os deuses com excesso de orgulho.

Acontece que a verdadeira mudança só pode ocorrer se estiver em harmonia com a natureza interior das coisas, humanas ou planetárias, e a integração pressupõe a aceitação transformadora das coisas como elas são e dentro de seus próprios padrões inatos de direção e propósito. Para criar o potencial para a mudança mundial, devemos nos transformar para começar a incorporar nosso próprio padrão de existência, que, em sua essência, corresponde ao propósito planetário oculto.

A psicologia junguiana e a astrologia humanística são caminhos que tentam levar as pessoas à integração e à totalidade pessoais, permitindo uma compreensão maior dos processos interiores ocultos atuantes no ser humano e uma cooperação com os movimentos interiores de mudança. Antes de ver mais detalhadamente os aspectos da abordagem junguiana particularmente relevantes para compreender como Plutão atua, é interessante considerar a natureza da totalidade.

TOTALIDADE

O ser humano é um organismo unificado; o mecanismo auto-regulador automático do corpo físico é uma maravilha em si mesmo, é o "templo de nosso ser". Nosso veículo de manifestação na terra é físico-etéreo, emocional, mental e espiritual. Na maioria das correntes da psicologia contemporânea, vemos que é dada a devida importância à realidade da dimensão transpessoal ("espiritual") por ser um aspecto básico da pessoa total. Entretanto, para todas, o problema está no fato incontestável de que, na consciência, somos fragmentados, não totalmente centrados, dissonantes e freqüentemente desequilibrados; e aqui estou eu, considerando a condição geralmente percebida como a do "membro normal, saudável e ajustado da sociedade". Você já observou os acontecimentos no mundo e se perguntou se eles são produto de uma "sociedade sã?" Dizem, ironicamente, que a "Terra é o hospício do sistema solar" e, com certeza, pode ser difícil viver neste planeta. Entretanto, esperemos que mais pessoas queiram encontrar a sanidade e o equilíbrio verdadeiros, os da totalidade individual, porque nossa sociedade não pode ser completa e sã se nós não o formos. Assim, lutamos pela integração pessoal, e isso não é fácil. Como afirma Jung, "não se pode ampliar a consciência sem dor". Pode ser uma auto-análise difícil, demorada, que parece nunca terminar, muitas vezes aparentemente improdutiva, mas, no final, você vai juntar as partes, e a ardente intensidade do *self* permeará sua vida, como uma graça, uma bênção.

Obviamente, o caminho para a totalidade varia de pessoa para pessoa, mas há vários aspectos no processo que são comuns a todos. Desde o nascimento somos condicionados pela sociedade, por intermédio dos pais, da escola, da religião, da educação, dos governos. Para nos tornarmos membros da sociedade, devemos pensar, sentir e agir de formas previsíveis, limitadas. A conformidade é a chave, e é recompensada pelos líderes sociais; o inconformismo é penalizado de várias formas, dependendo da atitude de cada sociedade. Parte disso pode ser necessário e produtivo para a criança em crescimento, mas pode ser prejudicial e até destrutivo para o ser humano em evolução. A mente e o coração da criança estão abertos para todas as influências, e tudo que entra age como uma programação profunda que a afetará pelo resto da vida, produzindo um conjunto quase robótico de respostas e reações.

É provável que a relação com os pais vá influenciar as futuras relações adultas com o sexo oposto ou com pessoas do mesmo sexo. Freqüentemente, os que passaram muito tempo buscando o autodesenvolvimento descobrem uma grande quantidade de condicionamentos ocultos que eles "representavam" em situações cotidianas, de forma inconsciente e automática e acreditavam ser o "verdadeiro *self*" — será? Esse condicionamento pode ocorrer sob a forma de dogma religioso sem fundamento na experiência pessoal; de convicções/objetivos de vida (bom emprego, muito dinheiro, boa casa, carro grande etc.) ou morais ("você deve viver assim", "bons meninos e meninas não fazem isso", "a homossexualidade é ruim e doentia" etc.).

Olhe para você mesmo: realmente pensa assim? Esses são seus verdadeiros pensamentos e emoções ou você foi hipnotizado para acreditar que vê a vida dessa forma, pela transmissão de uma programação social contínua?

Freqüentemente, a busca de um *self* mais real começa quando a pessoa passa a perceber que não sabe quem é, e imagina se ainda continuará existindo caso a contínua programação interior seja retirada. Nossa forma de viver e ver o mundo é quase que inerentemente preconceituosa e defeituosa. É como se tivéssemos milhares de cabeças sobre nossa própria cabeça, todas falando por nós em diferentes ocasiões, como se fôssemos ventríloquos. Muitas vezes as pessoas percebem que a vida que estavam vivendo era resultado do desejo dos pais ou da sociedade.

Há no zen a experiência do *satori*, estado da "mente não condicionada", quando, como se atingido por um raio, o condicionamento da mente desmorona e pela primeira vez percebemos conscientemente nosso *self* e o mundo, sem véus ou programações. Um *koan* zen busca cortar esse nó do condicionamento: "Qual era sua face original antes que seus pais nascessem?". Assim, você está vivendo a vida de quem? Quão condicionada ela é? É uma vida livre?

Totalidade não é "perfeição". O ser humano é visto como uma fusão entre o "animal e o divino", e assim como a "luz" não é totalmente luz ou escuridão, mas uma relação viva e mutável entre as duas, nós também somos. A integração resulta de um processo de purificação redentora, de limpeza de toda a sujeira interior que bloqueia a percepção de nossa própria luz interior.

Mas não queremos ser como um santo que reprimiu todos os "desejos inferiores" por serem impuros e estranhos à sua própria imagem de "espiritualidade", e que por isso tem medo de que as paredes do dique se rompam, revelando-o apenas como um santo de gesso. Ser total

é ser como um "sábio", que aceita a totalidade de sua própria natureza, vê a vida como ela é, às vezes dolorosa, às vezes alegre; que aceita
a inevitabilidade de sua própria morte, vive de sua própria luz e sente
a vida plenamente.

Encontrar o *self* oculto sempre envolve despir a multiplicidade de
selves parciais ou falsos, imagens e apoios para libertar o ser natural.
Psicologicamente, muitos adultos ainda são crianças e se recusam a encarar as lições da vida. Preferem fazer "remendos", apenas o suficiente
para aliviar o problema imediato, a fim de que possam sentir-se mais
relaxados por algum tempo; enganam a si mesmos dizendo que resolve-
ram o problema e seguem em frente — até que os mesmos problemas
surgem novamente e eles voltam à estaca zero. Se constatarmos que os
mesmos problemas são recorrentes, isso parece demonstrar que, para
começar, eles nunca foram realmente resolvidos.

É melhor encarar tais problemas e penetrar na escuridão e na dor,
descendo cada vez mais ao âmago do sofrimento; no momento certo,
a escuridão se transforma em luz, o problema é resolvido e não deverá
retornar, pelo menos naquele nível da espiral da vida. É como a jornada de Orfeu ao reino de Plutão, deus do Mundo Inferior, em busca de
sua alma perdida.

Problemas básicos, muitas vezes emocionalmente carregados, não
podem ser resolvidos no nível em que surgem. Hércules viu que lutar
com a Hidra em seus próprios termos, em seu próprio nível, seria derro-
tar a si mesmo. Entretanto, ao transferir o problema para um nível mais
elevado (levantando a Hidra do chão), o problema pôde ser imediatamente resolvido. Todas as formas conflitantes de relação divididas e dualistas devem ser elevadas a um nível não dualista para que possamos perceber a solução.

A maioria das pessoas acha difícil viver com elas mesmas; vozes
fragmentadas e contraditórias brigam pelo poder e pela influência, porque não há um verdadeiro centro, além do ego social e seus múltiplos
"eus". As pessoas não podem se aceitar e se amar, inteiras, na totalidade de sua natureza. A maioria gosta de algumas de suas partes, não apreciando, evitando e ignorando outras partes, porque elas não se encaixam na auto-imagem idealizada escolhida, que é uma criação pessoal,
mascarada como um *self*. Essa é uma das principais formas de criar dificuldades interiores, que afasta a pessoa de uma harmonia e totalidade
potenciais e leva ao "desconforto" psicológico. Ninguém é perfeito, mas
muitas vezes chegamos a nos sentir culpados por não o sermos, e nos
condenamos, assim como aos outros, por sermos, afinal, apenas humanos.

Nossas ilusões e expectativas sobre os outros são um problema, e
o conflito é causado pela raiva e pelo desapontamento de ilusões despe-
daçadas. É essencial aprender a se amar, aceitando-se sob todos os aspectos. Mesmo os aspectos negativos mudam pelo poder da verdadeira

aceitação, pois é uma forma de limpar seus próprios estábulos de Áugias da sujeira e rejeição antigas. Se você puder fazer isso, será capaz de aceitar os outros mais facilmente, ter relações mais satisfatórias e dar um passo vital para a integração.

É essencial ter responsabilidade total por nossa própria vida; parece um processo natural atrairmos para nós tudo que experimentamos, e que os fatos não acontecem para a pessoa, mas ela é quem acontece para os fatos. Ela os enfrenta, dando seu próprio sentido à sua experiência. Muitas vezes, ocorrem na vida coisas difíceis de compreender no momento, porém, mais tarde, podemos ver o significado e a finalidade oculta de nossa experiência. Uma das formas de nos relacionarmos com o mundo é assumindo total responsabilidade por tudo o que vivenciamos. Nossas reações, ações, pensamentos, sentimentos, emoções e a interação entre nossos processos interiores (que podem ocorrer sem escolha consciente ou independente de nossa vontade) e o "mundo exterior" combinam-se para expandir nossa vida. Como diz Madame Blavatsky em *A doutrina secreta*, o universo se desenvolve e é guiado de dentro para fora, e assim é nosso caminho na vida; os outros podem influenciar-nos e afetar-nos, mas nossas reações aos estímulos são de nossa própria responsabilidade.

Em cada situação e experiência em nosso mundo dualista há um processo dinâmico, em que os "opostos" se interpenetram e se transformam. Isso significa que, assim como os planetas têm duas faces expressando uma energia tanto positiva como negativa, nenhuma experiência é exclusivamente "boa" ou "ruim", "construtiva ou destrutiva", "luz ou escuridão" etc. Todas as coisas se interpenetram, formando uma unidade intrínseca fluente. Aquele que busca pode achar útil cultivar um estado de consciência no qual o que muda é apenas a proporção em que os opostos se relacionam, um "mais ou menos" em vez do "ou isto ou aquilo" da mente analítica. Qualquer experiência considerada "boa ou ruim" pela mente pode criar uma profunda divisão, que leva a um conflito interior, pois a mente persegue apenas o "bom" arbitrário e nega o "ruim", que então afunda na mente inconsciente. É mais sábio e positivo considerar as experiências como uma combinação de mais luz e menos escuridão ou vice-versa. Isso oferece um ponto de vista que pode dar uma idéia mais completa das forças que interagem em qualquer experiência, funcionando, portanto, como um criador do sentido da vida, pois esse surge à luz da consciência somente por meio da percepção de padrões mais elevados da existência holística.

A totalidade é um caminho para a libertação de um *self* limitante, parcial e falso, um *self* superado. Devemos reconhecer que nosso estado psicológico, individual e coletivo, realmente necessita de profunda purificação e cura. Precisamos resolver a dicotomia do conflito que vivemos entre "cabeça e coração", mente e sentimento. Se isso puder ser conseguido, haverá maior unificação interior, vital para todos, que refletirá o estado de consciência indicado pela afirmação esotérica "Como o homem pensa em seu coração, assim é ele". A totalidade implica uma unidade psicológica maior, uma totalidade centrada no ser, em que a pessoa alcançou integração e clareza e está realizando seu padrão inato de "destino", conforme previsto pelo horóscopo natal.

Esse é o objetivo oculto de Plutão: ajudar na criação de uma totalidade planetária, por intermédio do indivíduo e da sociedade. Imparcialmente, ele estimula todos os aspectos impuros em seus súditos, de forma que haja potencial para a aceitação consciente e a purificação dos detritos interiores pelas chamas da transformação. Está pouco interessado em julgar e preocupa-se apenas em aceitar o que encontra como um passo preparatório para o crescimento individual, que, por sua vez, é parte da cura planetária.

Os Arquétipos e o Inconsciente

A mente humana tem uma série de "filtros" ou "véus" inibitórios, alguns evolutivos e outros apenas sociais, que controlam a quantidade de informação recebida pelo cérebro por meio do sistema nervoso e dos sentidos físicos. Essa informação é convertida em nossa experiência pessoal de nós mesmos, do mundo e da realidade; e o potencial de cada vida é restrito por esses filtros, que são parcialmente criados ou ampliados por qualquer tipo de condicionamento e programação a que fomos submetidos no decorrer de nossa formação. Esses filtros compõem o paradigma ou visão fundamental do mundo, que se torna uma realidade social consensual, a qual se espera que todos os membros de determinada sociedade apóiem, mantendo sua continuidade.

É óbvio que conscientemente vivenciamos apenas um fragmento da realidade, aquele com o qual podemos lidar e sobre o qual somos capazes de impor uma "realidade humana estável". Dizem que realidade demais é demais para a mente humana agüentar, e isso é verdade, especialmente quando a mente humana está tentando se agarrar à sua limitada visão de mundo, que vê apenas a realidade parcial no confronto com uma percepção mais abrangente. É um encontro perigoso e dilacerador, e a mente que não pode suportar a nova dimensão que se abre diante dela pode enlouquecer. Entretanto, se a programação da mente é liberada e destruída, emerge uma consciência nova e ampliada, capaz de abarcar permanentemente uma realidade maior, e, ao mesmo tempo, capaz de atuar dentro da realidade consensual social. Esse é o caso do iniciado, aquele que abriu a porta interior, permitindo que sua mente inconsciente se iluminasse, tornando-se assim consciente.

A mente inconsciente é o depósito de tudo aquilo de que não estamos completamente conscientes, sejam lembranças pessoais ou impressões da espécie, aspectos do *self* que preferimos reprimir por razões pessoais ou sociais; mas não é apenas uma lixeira. Na mente inconsciente

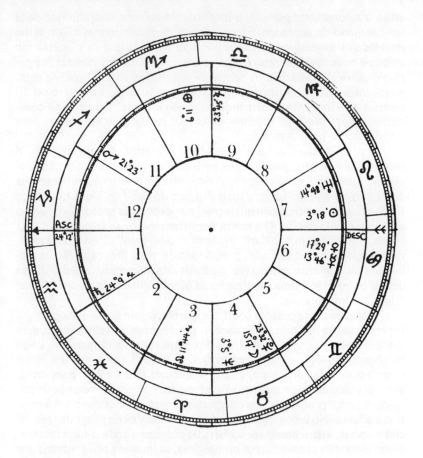

Carl Gustav Jung
Psicólogo, pesquisador
da mente inconsciente
Plutão em quadratura com Saturno
Plutão natal na Casa 4.

estão o inconsciente pessoal, o inconsciente coletivo e aquilo que pode ser chamado de supraconsciência. Os níveis inconscientes são o reino interior dos arquétipos e deuses, e é bom lembrar que os planetas são deuses e poderosas energias arquetípicas que podem ser contatados para o estabelecimento de uma profunda relação interior. Tornar-se completo, integrado e espiritualizado envolve a dissolução das barreiras divisórias interiores, transformando o mundo inconsciente em luz e consciência; é um processo redentor de cura e purificação interiores, para o indivíduo e para o mundo.

O deus Plutão é o Senhor do Mundo Inferior, o outro mundo, o inconsciente escuro, posicionado no limite do potencial total da consciência humana. Isso é refletido e simbolizado pela posição planetária de Plutão no sistema solar, a mais distante do Sol e da Terra no espaço físico exterior e, correspondentemente, no ponto mais profundo de nosso espaço mental interior. O axioma hermético indica as relações entre as coisas: "Acima como abaixo" e "dentro como fora". Essa é uma experiência básica para o iniciado, pois, à medida que a programação da realidade física anterior se dissolve, é substituída pelo conhecimento direto de que o universo é uma construção da Mente, que se expressa de forma criativa e imaginativa.

O inconsciente pessoal contém experiências de nossa vida pessoal, experiências da infância, recordações, um depósito de velhos pensamentos, emoções, percepções, padrões de comportamento superados, compulsões, obsessões, sonhos, repressões. Tudo isso ainda tem um efeito sobre nossa vida consciente, e com freqüência tem a chave para certas áreas problemáticas, e num trabalho terapêutico, muitas vezes podemos resolver certos problemas pela integração de aspectos inconscientes à mente consciente. No inconsciente coletivo há elementos de programação racial e social, assim como temas básicos comuns a toda a humanidade. Entre eles estão as associações mitológicas, as imagens e os símbolos que emergem na consciência coletiva e na sociedade através dos tempos, servindo como foco para a direção e motivação do grupo. Estranhamente, não parecem derivar de tradições históricas e migrações tribais, contudo parecem inerentes a toda psique e mente, surgindo de modo quase espontâneo ou quando a sociedade tem necessidade interior de uma imagem simbólica unificadora ou de direção para onde conflui a solidariedade do grupo. Esse é o reino dos arquétipos, os "tijolos" da psique humana, o mundo dos deuses, planetas, criaturas mitológicas como a Fênix e o Unicórnio, os signos do zodíaco.

Quando começa uma auto-análise séria, aquele que busca explora inicialmente seu consciente pessoal e seu inconsciente. Hoje há várias formas de aprofundar essa auto-análise, tais como visualizações, viagens interiores, análise de sonhos, astrologia, meditação etc. Mas há um ponto importante a ser levado em consideração: é possível continuar a exploração além do inconsciente puramente pessoal e chegar ao inconsciente coletivo, e isso pode ser benéfico e curativo. Entretanto, o iniciado deve perceber quando a fronteira entre o pessoal e o coletivo foi cruzada. O inconsciente coletivo da humanidade contém todas as expressões potenciais da humanidade, e a pessoa pode passar o resto da vida na exploração dessa esfera e apenas perturbar sua própria individualidade, perdendo sua noção de centro. É necessário sair desse perpétuo exame interior para renascer num "nível superior" mais abrangente, em que a consciência é ampliada e o próprio padrão de potencialidade é reafirmado. É muito mais seguro trabalhar com o inconsciente coletivo quando essa integração mais elevada já foi completada e a natureza essencial da realidade é compreendida pela experiência.

Parece que o ponto de evolução no tempo e no espaço é o vagaroso, progressivo aparecimento da consciência a partir das profundezas do inconsciente. No Gênesis bíblico, "Faça-se a luz" é uma indicação disso, e somos ativos participantes do drama do despertar universal. Nossa própria vida reflete essa tendência inata de fazer a autoconsciência emergir, como ocorre na infância, a partir do potencial do inconsciente, e todos os dias, cada vez que acordamos. Há uma relação mútua fluindo entre as esferas da mente, em que os conteúdos conscientes da mente por demais seletiva se dissolvem continuamente no inconsciente, enquanto emanam do inconsciente os padrões essenciais de nossa personalidade e as idéias e pensamentos que dirigem e influenciam.

A mente consciente não-integrada, que ainda está "separada" de seu gêmeo inconsciente, se inclina à análise e à limitação, enquanto o inconsciente se inclina a promover uma união, uma síntese e uma expansão para uma vida maior. O inconsciente tende a um condicionamento não social, mas como o consciente busca o social e a conformidade, é provável que um conflito interior se desenvolva. O equilíbrio correto é a integração dos gêmeos, em que ambos se interprenetram conscientemente. Trabalhar com o inconsciente estimula a transformação, e a exploração interior e a compreensão do inconsciente começarão a modificar o observador.

Parece que os padrões arquetípicos são uma fonte criativa de muitas expressões socializantes da humanidade, e muitas vezes aparecem como as principais fundações de estruturas de crenças sociais e idéias condicionadoras, embora aplicadas apenas seletiva e parcialmente. Demonstram a aparente dualidade do mundo manifesto nos arquétipos do Homem e da Mulher divinos, do Bem e do Mal, da Luz e da Escuridão num estado interior de coexistência e inter-relação, similares aos símbolos orientais do Tao e do yin e yang. Nesse mundo interior, nessa dimensão mágica, podemos encontrar os deuses planetários da astrologia, os deuses das antigas culturas e civilizações, as forças poderosas da natureza, os guias interiores, a terra de mitos e lendas. Um mundo fértil, misterioso, mutante, desafiador, fonte de fantasias evocativas e vitalidade enriquecedora. Também pode ser um reino de demônios, de sombras, de perigos que espreitam nas esquinas interiores da mente, onde muitos se perderam através da história, vítimas de seus próprios fantasmas. É um nível no qual é difícil propor definições fixas, é uma terra flexível, maleável, onde as coisas se unem, destruindo as barreiras das contradições e dos opostos.

Na mente coletiva da humanidade, parece que os arquétipos atuam como "tijolos" individuais e sociais, que forneceram ao homem primitivo um meio de começar a se relacionar com a realidade exterior, e que são a base dos alicerces interiores e sociais. Estes se desenvolvem ao longo do tempo em culturas e civilizações historicamente dadas, e a história nos dá um meio para visualizar culturas já desaparecidas através de sua herança de símbolos e imagens, que possibilitam abordar o conteúdo da mentalidade do grupo. Mesmo hoje há um vínculo entre as antigas civilizações e a nossa, visto que aquelas representam as primeiras expressões arquetípicas que reconhecemos como formadoras de nossa própria cultura. Essas expressões são aparentemente de natureza universal, permanentes e compartilhadas por toda a humanidade por intermédio do inconsciente coletivo. São forças psíquicas vivas que atuam por meio da mente comum a toda a humanidade, são extremamente poderosas e determinam de fato o destino do homem. Muitas dessas imagens e símbolos arquetípicos foram adaptados de várias formas pela humanidade, e então reabsorvidos por um processo socializante, pela ciência, filosofia, educação, religião e moral.

Ninguém conhece a origem desses arquétipos. São como "genes mentais", parte de nossa herança genética consciente, análogos aos genes físicos herdados de nossos pais, padrões psicológicos pré-formados que estão em nosso inconsciente. Há um ditado que diz que a Natureza abomina o vazio; talvez esses arquétipos tenham surgido como resposta a uma mente vazia.

A Sombra Interior

Alguns dizem que uma mente vazia é o *playground* do demônio, mas isso é apenas propaganda maldosa! A meditação destina-se a descondicionar aquele que busca, para esvaziar os conteúdos da mente e, assim, quebrar o encanto do condicionamento social e da ilusão, limitadores e aprisionantes. O que ocorre invariavelmente, quando o trabalho interior começa a progredir, é o estímulo e a agitação interiores da chamada Sombra, ou, para os grupos ocultistas, o "Habitante da Entrada".

O reino de Plutão, no Hades, é uma área de purgação, e por isso, a energia de Plutão está intimamente associada a essa atividade de purificação e cura, também durante a vida. O planeta Saturno também está relacionado à Sombra e ao Habitante, mas acho que Saturno, como um mestre, é um guia que indica o caminho transpessoal. Saturno está relacionado mais intimamente à condução de um aspirante ao limiar do primeiro abismo, enquanto Plutão é o guia que o acompanha na travessia do abismo da morte individual e em seu posterior renascimento no caminho transpessoal. Saturno indica o limite da vida exclusivamente pessoal, ensinando e levando a uma crise transformadora, quando Plutão surge afirmando seu grande poder. Plutão também é o símbolo da Sombra/Habitante coletivo que precisa ser redimido e, refletindo sua posição no sistema solar, oferece uma visão transpessoal a ser completada, antes que nós, como "novos deuses responsáveis", possamos cruzar a estrada para assumir uma posição consciente em um universo maior, que então se abriria para nós.

Visto que Plutão lida com paixões ocultas, áreas tabus, intensidade emocional, selvageria, poder e domínio criativos em sua expressão humana inferior, devemos examinar a natureza da sombra pessoal e coletiva. Integrar o "demônio" interior oculto, aceitar e reconhecer esse lado escuro de nossa própria natureza é um ato de autocura, vital para a continuidade de nossa espécie. Individualmente, precisamos lidar primeiro com nossa própria escuridão, algo difícil e desafiador para muitos, e então, caso sejamos bem-sucedidos, talvez possamos nos unir aos outros para trabalhar na purificação da sombra coletiva. O primeiro passo é aceitar e reconhecer nosso próprio *self* reprimido; as interpretações dos aspectos e trânsitos de Plutão podem dar algumas indicações de onde ocorrem certos padrões compulsivos e como eles se expressam em nossas vidas. Embora esses padrões não revelem a totalidade da sombra individual, revelam certos aspectos importantes da Sombra atuantes num nível mais profundo da psique.

A Sombra geralmente é vista como uma entidade negativa, contra a qual devemos nos precaver e que, se possível, devemos evitar. Mas essa atitude aumenta a relutância das pessoas em explorar sua natureza interior; a maioria (em geral socialmente condicionada pelo cristianismo) tem a sensação de que um demônio interior espreita, procurando um jeito de sair. Nossa sociedade polarizada para o exterior dá pouco crédito à necessidade de conhecimento interior, tendendo a zombar, penalizar e afastar aqueles que o procuram abertamente. Essencialmente, a sociedade não está convencida de que o processo de "socializar e civilizar" já se aprofundou o bastante para garantir um condicionamento eficiente dos cidadãos. Na verdade, a Sombra reflete o dualismo natureza — mundo das aparências, e não é somente negra e negativa.

É um princípio arquetípico e, por isso, apresenta características duais como bem/mal, luz/escuridão, caos/ordem etc. A Sombra incorpora os aspectos não redimidos e não expressos. Além dos efeitos curativos da redenção dos "aspectos negativos", em geral, há também aspectos positivos da pessoa, ainda não manifestos, que precisam ser liberados e podem contribuir para uma vida mais plena.

Para a maioria das pessoas, seu centro pessoal de consciência é o "eu", o ego identificador, ligado ao nome, à forma e à memória. É em torno desse centro criado que orientamos nossas vidas, por escolha e

33

decisão da mente consciente. Na verdade, esse é um falso centro, de conveniência social, uma criação ilusória que reforça o senso de separatividade, ilhas independentes de consciência no mundo; mas, até um determinado ponto do desenvolvimento, é um centro necessário.

Todo mundo percebe as tendências conflitantes em seu interior, em suas emoções, mente e corpo. As pessoas são paradoxais por natureza, e, muitas vezes, não conseguem chegar a um estado de reconciliação interior. Um dos problemas da sociedade moderna é que a educação social ignora a experiência interior, principalmente o conflito interior. Resulta disso que, à medida que os indivíduos amadurecem, não conseguem resolver esses conflitos e apenas os intensificam em sua luta solitária e dispersiva.

A tendência então é reprimir e, eventualmente, suprimir os aspectos que não se encaixam nos padrões de imagens aceitáveis de *self* e sociedade, relegá-los ao inconsciente por meio da negação. Mas eles continuam a existir, embora superficialmente o conflito pareça ter desaparecido. Essa luta interior reforça a aparente força e domínio do "eu" egóico que, cada vez mais, parece assumir o papel de árbitro e juiz daquilo que opta por "incorporar como parte de sua auto-imagem"; é claro que essa imagem é determinada, principalmente, pelo condicionamento social, e assim o círculo vicioso se perpetua por gerações de repressão social.

Isso leva a divisões na psique interior, criadas pelas exigências da socialização. Embora possamos compreender isso, o mundo moderno perdeu e rejeitou novamente uma forma de curar essas divisões interiores, e Plutão, trabalhando por meio da Sombra, busca formas de trazer solução e renascimento.

Há pelo menos três divisões principais: o "eu" consciente, a máscara social (*persona*) e a sombra oculta no inconsciente. A existência de múltiplos *selves* interiores é revelada pelos diálogos interiores conflitantes entre a cabeça e o coração, pelos dilemas morais, escolhas de direção na vida, problemas relacionados à opções.

A Sombra interior muitas vezes não é vista conscientemente pela pessoa, parecendo fugir ao reconhecimento consciente, escondendo-se "no canto do olho", onde qualquer movimento para focalizá-la provoca seu desaparecimento, deixando atrás de si um resíduo de sua existência, como um ponto intangível de perturbação. Não pode ser captada, mesmo que se torne um *self* virtualmente distinto em cada um de nós, mas aparece nos sonhos ou na meditação orientada, nos símbolos e nas imagens. Sua face escura tende a contaminar a vida e as relações, onde os elementos negados irrompem em épocas de crise e a estrutura da personalidade começa a se fragmentar e desmoronar, quando seu suposto centro não consegue lidar com ela. Entretanto, esses períodos são uma grande oportunidade de autocura. É a imagem do "Homem Negro", imagem de medo e símbolo subjacente a muitas atitudes racistas no mundo, o "Outro Desconhecido", que é sempre perigoso.

Um modo de tentar ver onde a Sombra está influenciando nossa vida é pelo fenômeno da "projeção". Os aspectos negados de nosso *self* são projetados, do nosso inconsciente, nas pessoas ou coisas do mundo exterior, sem percebermos. Então você se relaciona com essas imagens refletidas que abafam a percepção e o conhecimento dessas pessoas, não conseguindo entender que sua percepção está distorcida pela própria projeção de seus aspectos negados, e que você não consegue ver nem se relacionar com o verdadeiro outro. Essas projeções superpostas também tendem a ter um conteúdo emocionalmente carregado, em que fortes emoções são evocadas para que você não fique neutro em relação à pessoa que está sendo receptáculo de sua projeção da Sombra; suas emoções são extremas e polarizadas e, com freqüência, muito negativas em relação ao objeto, especialmente se envolverem tendências que você nega em sua auto-imagem. Se forem qualidades não expressas, sua projeção pode levar você a admirar alguém que pareça incorporar tudo que você gostaria de ser. A projeção da Sombra também pode estar mesclada à da *anima* e do *animus*, o que confunde a questão.

Parece que a Sombra é projetada sobre alguém do mesmo sexo, em parte por ser um componente de nossa própria psique, que está sendo pressionado a sair para que possamos compreendê-lo. Os antagonismos com outros homens ou mulheres devem ser examinados honestamente; ou aquelas pessoas que numa situação de grupo servem de receptáculos para que a sombra se expresse: os marginalizados, alvos de piadas etc. Nos encontros pessoais as projeções da sombra podem ser reconhecidas quando suposições ou críticas ao outro são fortemente negadas e repelidas pelo objeto de nossa negação psíquica (embora essas negações também possam ser uma tentativa de autonegação, e mais tarde, devam ser avaliadas com imparcialidade e honestidade para que o grau da projeção possa ser determinado e percebido).

Embora a Sombra possa ser projetada sobre o mundo, sobre povos ou raças que não conheçemos pessoalmente, é mais provável que isso aconteça no ambiente costumeiro, especialmente na intimidade do lar e da família. Pode causar atritos familiares, levando à tradicional "ovelha negra" da família, aquela pessoa considerada inadequada, que todos criticam e detestam. O impacto da Sombra tende a influenciar o comportamento da pessoa de forma inconsciente, quase forçando-a a agir segundo as expectativas dos outros. Quando uma pessoa se preocupa demais com as atitudes dos outros e fica emocionalmente tensa (ou emocionalmente instável) no contato direto com eles, pode estar ocorrendo uma projeção psíquica na relação. As famílias são criadas com base nesse sentimento de envolvimento psíquico, e por isso é difícil fazer esse exame objetivamente, mas são elementos que devem ser considerados.

A Sombra é um ponto cego na auto-avaliação, encobrindo uma gama de ilusões, auto-imagens, certezas e uma presunção que atrapalham a colaboração criativa e as relações honestas. Para muitos, ela vira um sentimento de culpa — especialmente aqueles influenciados por religiões que inculcam a culpa —, um sentimento de opressão interior provocado por um condicionamento social negativo. Freqüentemente, revela-se em tons ocultos nas relações, em que o que é dito abertamente é registrado pelo ouvinte como falso, uma vez que as palavras contradizem o que é "sentido" naquele momento; certos políticos provocam essa resposta nas pessoas, mas, como figuras carismáticas, podem criar uma resposta que se polariza em dois grupos diametralmente opostos que registram reações opostas.

A outra face da Sombra é a de adversária do falso centro do ego e do condicionamento social restritivo, e nesse papel ela busca promover o verdadeiro desenvolvimento de uma potencialidade interior única (indicada pelo mapa natal) com a qual a pessoa se liberta das imposições sociais, contribuindo conscientemente para o progresso e a cura sociais. Entretanto, essa pessoa não está limitada a um padrão social inato, e, apesar de geralmente respeitar as leis do Estado, acha que sua verdadeira responsabilidade é ser fiel a si mesma e permitir que seu próprio padrão se desenvolva livremente.

Para que esse lado da Sombra possa surgir, é necessário primeiro aceitar os aspectos do *self* que foram negados, para depois integrá-los no *self* consciente. Isso libera uma energia harmonizante e equilibrada na psique e ajuda a desenvolver maior tolerância e compreensão nas relações sociais. As qualidades e talentos latentes podem então entrar em sua vida e se manifestar no mundo exterior, finalmente livres dos bloqueios da negação.

Até que os indivíduos libertem a luz oculta em sua Sombra interior, a sombra coletiva continuará a ser um perigoso "demônio" querendo escapar através das crises e do sofrimento. Nossa colaboração com o mundo começa por nós mesmos, e a transformação pessoal de nossa própria esfera de influência é o ato revolucionário mais radical. Deve ser lembrado que uma sociedade que promove a identificação individual externa com ideologias sociais (política, religião, nacionalismo), que apregoa e espera a aceitação social, é uma sociedade que nega a liberdade individual, criando áreas de vida que são relegadas ao inconsciente por não serem ideologicamente aceitáveis. É uma sociedade que cria enganos e ilusões. A consciência grupal e o conformismo podem ser muito negativos ou muito positivos. Se, por acaso, o *self* for "mal colocado" num conformismo ideológico através de um processo de penalização e exclusão, é negativo; se promover a individualidade e a liberdade enquanto há unanimidade no propósito do grupo em benefício de todos, é positivo, e a Sombra não se desenvolve excessivamente.

No mapa natal, as projeções da Sombra podem ser observadas e sua expressão costuma ser encontrada no signo natal e na casa onde está Saturno. O ponto onde podemos observar a Sombra coletiva alterando a vida e o mapa da pessoa está no signo e na casa de Plutão. Não devemos esquecer que muitas das qualidades e características de Plutão são as que foram reprimidas ou se tornaram obsessivas em diversos graus, e, portanto, podem contribuir para aumentar o poder da Sombra. A afinidade de Plutão com temas e atividades "tabus", quando revelada, é uma dessas fontes de negação interior ou desconforto. A atração por várias formas de expressão sexual pode levar à culpa ou a sentimentos de repugnância em certos tipos de personalidade, especialmente pessoas que foram fortemente condicionadas por ensinamentos religiosos e morais ou temem a rejeição ou reprovação dos pais ou dos outros. Certamente, Plutão tem afinidade com todos os aspectos da vida humana que podem surgir na superfície, muitos dos quais socialmente condenáveis (às vezes, com razão), mas são as tendências não resolvidas que assombram as pessoas. A negação social dessas tendências apenas tende a agravá-las; o reconhecimento social das atrações proibidas, presentes na complexidade humana, e a vontade de ajudar as pessoas a resolverem seus problemas podem ser um caminho redentor, se for alcançado sem condenação ou estigmatização sociais excessivas.

A PARTICIPAÇÃO NO GRUPO

Plutão é o regente das massas, do grupo coletivo, e essa é uma associação a que todos os membros da sociedade são incentivados durante os anos de crescimento até a idade adulta, devendo mantê-la por toda a vida.

O grupo coletivo atua como um receptáculo definido — como um útero — que impõe um certo estilo de vida coletiva, influenciando a forma na qual se permite que o indivíduo veja a si mesmo e o mundo. Cria um paradigma mental, uma visão de mundo essencialmente imune ao questionamento enquanto as pessoas mantiverem as premissas em que ela se apóia.

Em troca do sentimento de segurança, de pertencer a alguma coisa, de apoio mútuo e de uma filosofia de vida socialmente aceitável, a pessoa renuncia à liberdade espontânea de pensamento e ação, resignando-se ao processo de moldagem da sociedade em que nasceu. Devido à eficácia desse condicionamento, a socialização do grupo é extremamente resistente a mudanças, e o fator de inércia social geralmente é uma barreira, impedindo que as forças da transformação tenham sucesso, a não ser que consigam erodir as fundações pela perseverança contínua.

Apesar de ser conhecido o fato de que pequenos e poderosos grupos elitistas operam a manipulação social, a maioria das pessoas ainda é extremamente resistente a aceitar o fato de estar quase "dormindo", vivendo uma vida programada de respostas sociais automáticas e pensando com liberdade relativamente verdadeira. O primeiro passo para tornar-se livre é perceber isso. Infelizmente, o mundo tem demonstrado que, sob a influência de vários tipos de manipulação da mente, a maioria ainda se mantém sob o feitiço do grupo.

Os grupos são formados pela família, raça/tribo e nação; e a relação de união que mantém esses laços é a coletividade, pessoas que se juntam pela necessidade de construir um estilo de vida que beneficie a todos os participantes. Esse pode ser um bom objetivo, mas com freqüência a influência de Plutão sobre esses grupos leva — especialmente nos líderes — a uma tendência a insistir na idéia de que a vida deve ser vivida estritamente segundo a visão de mundo do grupo ou dos líderes, e qualquer desvio é severamente penalizado. Isso cria uma sociedade governada pelo poder da ameaça e do castigo, e que com suas atitudes tende a ser antagônica a qualquer outra sociedade que tenha uma visão de mundo e uma filosofia diferentes; daí o conflito internacional.

Geralmente, as sociedades apodrecem de cima para baixo, a corrupção se estabelece no nível da liderança, onde os efeitos sedutores do poder e da influência logo distorcem a percepção e as atitudes dos governantes. Para a pessoa comum é suficiente conseguir sobreviver e cuidar da família. Observa-se que a influência de Plutão, com suas características tradicionalmente mais negativas, predomina progressivamente nos líderes, à medida que seu poder ou mandato aumenta. Embora isso seja mais óbvio naqueles que têm uma forte tendência Escorpião/Plutão em seu mapa natal, o fato de Plutão governar as massas significa que esses líderes do grupo coletivo tornam-se um meio para a energia de Plutão penetrar na sociedade.

A pessoa torna-se dependente do grupo para ter identidade, necessita ser reconhecida e aceita pelo grupo e se torna basicamente subserviente a ele. Assume uma imagem socialmente aceitável, que serve à estabilidade da sociedade, mas que pode ser negativa para o crescimento e o desenvolvimento pessoais, ou cria uma Sombra maior devido à incapacidade de expressar aspectos socialmente inaceitáveis da personalidade. É necessária uma relação nova, consciente, entre a sociedade e o indivíduo, que desenvolva e beneficie a ambos, em vez de uma relação não natural, imposta e alienada como a atual. Aqueles que exploram sua própria natureza e se libertam dos padrões condicionantes estão despertando para uma maturidade maior e descobrindo que, em sua própria liberdade e consciência, também encontram um modo mais positivo de participar na sociedade, baseados numa nova relação com o ambiente externo.

Quando a atitude coletiva domina, há sempre um forte aspecto de divisão, que ajuda a preservar a inviolabilidade da visão do grupo. A solidariedade é avaliada em números, e a atitude de que "a maioria está certa" é uma premissa fixa, à qual se recorre quando a segurança é ameaçada. As pessoas tendem a preferir ser seguidoras, submissas aos líderes, porque é mais fácil do que buscar um caminho interior pessoal. Todavia, o caminho espiritual é utilizar a muleta apenas quando não se consegue caminhar sem ajuda, e perceber que é uma bobagem continuar usando-a quando não há mais necessidade; a responsabilidade e o poder devem ser assumidos pelo indivíduo, e não delegados a um líder.

A relação do indivíduo com o grupo, influenciada por Plutão, é ampliada nos exemplos de Plutão agindo no mapa natal e nos trânsitos. No desenvolvimento das sociedades e dos líderes, o efeito de Plutão é visto em seu apoio ao nascimento de "novos movimentos" e o correspondente surgimento de grupos de oposição, destinados a mudar o rumo da sociedade. A reação à política dos novos movimentos é inevitável, e pode servir como um equilíbrio e "lar de dissidentes". Plutão tende a ser construtor e demolidor ao mesmo tempo, assim como, no nascimento, a semente da morte é ativada.

Novos grupos baseados no despertar individual serão considerados nos capítulos 7 e 8, uma vez que fornecem um tipo de grupos de oposição que estão surgindo no mundo e que incorporam uma energia construtiva de Plutão.

Os Opostos Interiores Ocultos, *Anima* e *Animus*

A esfera de vida mais favorecida por Plutão para estimular a transformação interior é a das emoções, que são vividas como uma forma de relação com o mundo exterior. As respostas e reações emocionais são de grande importância na experiência interior, e através dos sentidos físicos tendem a condicionar as avaliações posteriores da experiência. Ocultas na maioria das análises filosóficas e intelectuais, elaboradas por mentes tradicionalmente masculinas, estão as fundações emocionais e a sensibilidade, campo tradicional da percepção feminina.

Para que cada idéia, ideologia ou religião se enraíze numa sociedade, deve haver uma forte dimensão emocional que reflita um certo "conteúdo" (ou atitude) que encontre ressonância e concordância em um número suficiente de membros dessa sociedade. As filosofias e os ideais pessoais são sempre fundados nas emoções, não importando como sejam expressos em termos intelectuais. E ficamos tão ofendidos quando somos desafiados por outros que têm atitudes e crenças diferentes das nossas porque estamos sendo atacados em territórios emocionais ocultos e reagimos emocionalmente. Tais desafios tornam-se pessoais e antagônicos, e surgem os conflitos, pois, mesmo respaldados pela linguagem da mente, eles são essencialmente emocionais.

Nossa consciência do *self* se desenvolve ao longo dos anos, ele é um "*self* coletivo" interior, um grupo de elementos muitas vezes conflitantes e díspares, constelados por reflexo de nossos pais, experiências pessoais e condicionamento social. No nível do *self* individual separado, não pode haver unidade em uma personalidade múltipla; a reconciliação deve ser atingida num nível diferente de nosso ser.

A vida humana é uma vida de relação social num mundo dualista; a maior parte dos esforços humanos se destina a resolver as dificuldades de vivermos em agrupamentos sociais e nas interações entre a multiplicidade de nossos relacionamentos pessoais. Essa é a chave para entender o propósito e a atuação das energias de Plutão, sua "manifestação objetiva" neste século, e o correspondente surgimento do estado mundial de interdependência. Plutão busca a transformação e a mudança pela intensidade e pela tensão das relações, e tenta abrir um canal entre "os mundos exterior e interior".

Na mente inconsciente, também estão o que Jung chamou de *anima* e *animus*, influentes imagens e energias arquetípicas que são os opostos sexuais de nossos corpos físicos; para o homem, é seu feminino interior, para a mulher, seu masculino, que ajudam a jornada interior para a integração.

A relação essencial e a necessidade de união entre os sexos feminino e masculino é poderosamente afetada pela atividade interior da *anima* e do *animus*. Isso envolve um poder de atração entre os dois opostos de energia que lutam para estabelecer uma relação de unidade, mesmo temporária, e que pode ser vista como o instinto sexual inato de perpetuação da espécie e criação de uma nova vida a partir da existente. Como muitos descobriram, a experiência humana desse impulso e nossas complexas emoções nas relações podem ser bem difíceis, até mesmo traumáticas. De muitas formas, nossa resposta a essas necessidades e compulsões interiores é importante para o desenvolvimento de nossas vidas, e a escolha do parceiro é crucial para determinar como aproveitamos a vida. Certamente, a sociedade ocidental não tem um verdadeiro treinamento para o relacionamento social e para as relações sexuais, e isso é uma pena, pois cria problemas sociais e angústia para aqueles que não têm compreensão psicológica de seus processos interiores. Todos podemos observar os efeitos de Plutão desfazendo casamentos e alianças sociais mal constituídas.

O conceito de *anima-animus* é uma abordagem que nos capacita a descobrir por que somos atraídos por certo tipo de parceiros como expressão de nossa própria psicologia, além dos instintos naturais de acasalamento. Alguns parecem atraídos pelo parceiro que as pessoas de fora consideram errado, mas uma compulsão irresistível parece levar a essas relações insatisfatórias, cujos resultados são traumáticos e cheios de sofrimento para os envolvidos. Certamente, várias razões podem contribuir para isso, mas, decerto, também a falta de autoconhecimento costuma ser um fator importante.

Nos últimos vinte anos tem surgido, na sociedade ocidental, um novo interesse pela exploração desses opostos interiores ocultos. O movimento feminista despertou o componente masculino interior da mente feminina para a consciência e, com graus variáveis de sucesso, as mulheres integraram mais tendências "masculinas" em sua vida interior e expressão exterior. Mais homens querem explorar sua sensibilidade interior e suas dimensões emocionais, muitas vezes reprimidas, e estão abrindo um espaço em suas vidas para completar seu feminino interior. Essas mudanças tendem a ocorrer em grupos de pessoas receptivas às transformações do inconsciente coletivo, e novamente podemos notar um exemplo do estímulo de Plutão nesse nível do ser. As pessoas estão mudando, estão buscando a integração pessoal, e a semeadura de futuras tendências na sociedade está progredindo, preparando o caminho para uma mudança social maior. Como sempre, os grupos progressistas são recompensados com desconsideração social, ostracismo e incompreensão, em parte porque eles mesmos não compreendem e interpretam mal o que está acontecendo e respondem exageradamente ao estímulo interior.

Parece que a *anima* e o *animus* arquetípicos estão na fronteira comum entre o inconsciente pessoal e o inconsciente coletivo na psique. Eles parecem a semente essencial das qualidades e características que associamos à masculinidade, à feminilidade e às imagens simbólicas básicas associadas ao macho e à fêmea. Para o homem, o arquétipo da *anima* envolve seus padrões de papéis associados à fêmea, imagens tais como mãe, irmã, esposa, bruxa, sedutora, virgem, prostituta, confidente, útero, copo ou cálice e deusa. Para a mulher, as imagens do *animus* podem ser as de pai, irmão, marido, sábio, rei, guerreiro, lança/espada, protetor e deus.

Freqüentemente, o ser humano parece um ator numa peça concebida e dirigida por imagens e símbolos arquetípicos. Entre essas imagens, que surgem do mundo interior, e aquelas simbolizadas pelos signos do zodíaco, parece haver uma enorme quantidade de aspectos da personalidade que podem ser expressos nesse mundo. Geralmente, cada um de nós pode abrigar apenas uma fração dessas imagens e por curtos períodos de tempo, e a personalidade é como um palco, no qual os "deuses-semente" aparecem de vez em quando. Algumas pessoas, especialmente as que são alvo de maior atenção do público por meio da mídia ou por qualidades carismáticas, são as que de certa forma incorporam uma ponte entre as imagens arquetípicas e o mundo, identificadas na mente pública como transmissores de certas imagens. Muitas vezes, essas pessoas são vítimas da pressão e do conflito de "terem" de refletir essas associações interiores. A política, a religião e a mídia dos espetáculos são áreas que manifestam essa tendência. Os atores e atrizes tornam-se modelos, alguns com fama duradoura por incorporarem imagens populares, como Marilyn Monroe. Políticos como John Kennedy e Margareth Thatcher são personagens quase arquetípicos, cuja imagem pública é tão forte que a realidade quase se perde, persistindo uma qualidade de encantamento. Assim, mesmo que afirmem o falso como verdadeiro, seu grau de autoridade e convicção convence as pessoas de que estão certos.

Para a maioria das pessoas, a qualidade mágica criada pela penetração do mundo dos arquétipos na realidade cotidiana é um poderoso encantamento. Muitas vezes vivemos isso através de um fenômeno chamado "apaixonar-se", aquela velha e comum experiência que transforma nosso mundo pessoal, mesmo que por pouco tempo. De diversas formas, apaixonamo-nos por uma projeção de nosso *self*, ao refletir nossa imagem ideal do sexo oposto, interior, sobre o outro, que é, de certa forma, o "gancho" apropriado para pendurarmos nossa projeção. Muitas vezes, a melhor maneira de perceber a projeção exterior do mundo interior em nossa vida social é pelos reflexos dos outros sobre nós, principalmente aqueles que servem como tela para essas imagens arquetípicas e aspectos do *self*. Isso ocorre no caso da Sombra e no da dualidade *anima-animus*.

Num mundo de ilusões, o amor certamente acrescenta sua porção de confusão e complicações e pode trazer a desilusão suprema. A paixão abala nossas fundações pessoais, destruindo-as e reorganizando-as em novos padrões; nestes, as emoções podem fluir livremente, a serpente da sexualidade nos leva à atividade compulsiva e todos os competitivos *selves* interiores são sacudidos, criando uma forma peculiar de desintegração. Plutão observa, silencioso e divertido, enquanto as projeções da *anima* e do *animus* ainda estão vitalizadas; ele sabe que seu tempo chegará.

A projeção do homem ou mulher ideais no outro tende a ocorrer no início da relação amorosa. Em maior ou menor grau, qualquer relação amorosa íntima envolve essa projeção. Em todas as relações com o sexo oposto, há sempre um elemento de projeção, que muitas vezes fica reprimido. Para aqueles que estão concentrados na auto-exploração, reintegrar a Sombra e seu oposto interior é uma tarefa equilibradora vital, num contexto pessoal e social.

Um dos sinais de que essa projeção está ocorrendo é a qualidade obsessiva da fascinação e a preocupação com o outro, ligada a fortes emoções de atração-repulsa-desejo. Às vezes pode ser um amor não correspondido, difícil de lidar, porque de alguma forma a projeção deve ser recuperada e reabsorvida no *self* de quem faz a projeção. Senão pode parecer que foi perdida uma parte essencial de seu ser e a percepção da imperfeição e desintegração é inegável. Todavia, a questão é: como curar essas divisões interiores? Devemos lembrar que, particularmente na sociedade atual, em que não há uma tradição relacionada ao mundo interior e socialmente não se construíram pontes para nos unir a ele, a única maneira que este mundo encontra para se comunicar com as pessoas é por meio dessa projeção no exterior. Seu verdadeiro objetivo é realizar uma metamorfose, uma virada para dentro, através da qual o potencial para a harmonia e a integração possa ser descoberto.

Muitas vezes, a projeção é mútua. A *anima* provoca um despertar correspondente do *animus*, e assim a parceria se torna uma relação quádrupla, exterior e interior. Tais atrações são irresistíveis, como se todo o universo estivesse tramando para que essa relação intensa ocorra, devido a seus próprios misteriosos objetivos. Uma atmosfera de destino parece envolver os participantes; alguns chamam isso de carma, e consideram essa relação uma retomada de relações de vidas passadas; outros dão de ombros, sem se preocuparem com essas "explicações", mas mesmo assim percebem sua singularidade.

Sob o domínio dessas imagens interiores, cada um apaixona-se por seu próprio parceiro ideal, acreditando ser ele aquela pessoa concreta em quem a projeção se fixou e que, em sua própria visão, acabou de recriar como a mulher ou o homem "perfeitos". O poder do amor está em seu efeito transformador, de dissolver barreiras entre as pessoas, de retirá-las de mundos privados, isolados, separatistas, levando-as ao relacionamento social, ao apoio mútuo, a compartilhar, cuidar e expandir a qualidade, o conteúdo e a profundidade da vida. As dificuldades surgem quando o brilho começa a desaparecer e a vida e as pessoas reais reaparecem.

Varrido por fortes emoções, vivendo num "novo mundo" de querer alguém e querer ser amado, com a conseqüente intensificação dos humores, o choque pode ser perigoso quando o balão explode. Todas as qualidades interiores da pessoa e suas características são estimuladas sob o impacto das projeções arquetípicas, positivas ou negativas. Quando a lua-de-mel acaba, restam os desafios da relação e as partes do *self*, antes projetadas, a serem reintegradas. É difícil chegar a essa transformação em relativa harmonia, principalmente se houver um casamento formal, filhos a caminho ou já nascidos.

À medida que a verdadeira face do outro se revela, as expectativas e desilusões podem trazer a desintegração da relação, quando se percebe que o outro não corresponde àquela imagem ideal. São feitas tentativas de manipular e mudar o outro, em geral com pouco sucesso ou provocando ressentimentos, e o atrito substitui o encantamento inicial. Contudo, essa fase, em que muitas relações desmoronam, é um terreno fértil para a transformação. À medida que as projeções são reabsorvidas, chega o momento certo para uma reavaliação do *self*, do outro e da relação à luz das mudanças ocorridas nas chamas do amor. Então, há potencial para um progressivo desenvolvimento de uma integração maior com o parceiro e consigo mesmo, a *coniunctio*, a misteriosa união dos opostos, de elementos físicos e psíquicos, tentada pelos alquimistas.

A *anima* ou o *animus* pessoais são uma combinação de elementos provenientes de várias fontes. Uma tentativa de auto-exploração requer um desembaraçar de suas teias para ver e compreender os elementos em jogo na vida pessoal. Parte deles deriva dos instintos hereditários e do impulso sexual de acasalar-se e procriar; outra parte deriva da experiência pessoal com o sexo oposto desde o nascimento, principalmente com o pai e com a mãe; outra parte, da tradição social coletiva e da relação entre os sexos; e enfim, outra parte, do oposto interior pessoal oculto. A projeção será sempre o "superparceiro", essencialmente maior do que a vida, uma fantasia ou ficção. Expectativas frustradas podem matar qualquer relação, e, como tudo na vida, quanto mais cedo as ilusões puderem ser desfeitas, melhor.

Entre outras características, o homem impelido pela *anima* tende a buscar um senso de sentimento, emoção e relacionamento mais elevado com o outro, que rompa as barreiras impostas pela masculinidade, pelo racionalismo, pela impessoalidade e pela falta de contato íntimo (que exclui a sexualidade puramente física). Com freqüência, à medida que o rigor e a dureza do macho são suavizados pelo feminino interior e exterior, nota-se um desejo de ser querido e de pertencer, de ser nutrido num lar seguro como um útero, de ser cuidado. Para a mulher-*animus*, nota-se uma atração por aspectos mais mentais, pelo espírito impessoal, racional e lógico da análise e do pensamento; ou pela parte física dos homens, sem qualquer complexidade emocional ou ruptura para perturbar os sentimentos com os quais ela convive como parte do ser feminino. O homem sábio, o bom pai e provedor, o duro guerreiro são algumas das direções às quais o *animus* leva.

Para quem busca viagens interiores, a exploração do mundo inferior via imagens mentais dirigidas, rituais ou meditação, sempre que cruzamos com essas figuras interiores de guias, lá está a presença oculta do *animus* e da *anima*. Coopere e abra-se para um relacionamento interior com eles.

Plutão, deus do Mundo Inferior, volta às relações quando as projeções estão sendo reabsorvidas e não sai mais, pois sempre pode haver mudanças, principalmente se as coisas começarem a estagnar ou se existir domínio pessoal. É essencial analisar e tentar compreender o mundo inconsciente interior para ver como Plutão está atuando através dos vários fatores no mapa natal. Está presente sob a superfície e ativa as energias arquetípicas no indivíduo e na sociedade. Para ele, a estagnação é a maldição, a mudança perpétua é o potencial da "vida mais abundante".

CAPÍTULO 4

Plutão e os Aspectos Planetários

Os aspectos natais de Plutão devem ser cuidadosamente analisados, já que fornecem informações essenciais quanto às formas mais óbvias de sua ação e revelam sua atividade pelo mapa natal. Tornam-se padrões intrínsecos de expressão da personalidade e, devido à sua natureza especialmente compulsiva e obsessiva, deve ser fácil reconhecê-los, mesmo que não sejam pessoalmente percebidos ou aceitos. Pode ser um exercício interessante estudar seus próprios aspectos de Plutão, e ver de que forma você está fortemente condicionado por sua influência.

Uma revisão básica da natureza dos cinco aspectos principais deve ser útil neste ponto.

Os Aspectos Principais

Conjunção

A conjunção ou proximidade de dois planetas é geralmente considerada o aspecto mais poderoso. Envolve a fusão de energias não diluídas e características de planetas em conjunção, e pode ser vista como um canal através do qual as funções desses planetas podem ser expressas mais facilmente pela personalidade. Muitas vezes, essas tendências combinadas são afirmadas com considerável vigor pela pessoa, que pode conscientemente reconhecer que são expressões do poder pessoal e da individualidade em situações sociais. Porém, essa afirmação, freqüentemente, é feita com pouca percepção de seu impacto sobre os outros.

Há uma ambigüidade na influência da conjunção, geralmente originária da natureza da tensão interior e do desafio das energias mescladas, que talvez não sejam complementares ou sejam até mesmo antagônicas. Com freqüência, isso se revela na vida criando dificuldades no relacionamento com os outros, especialmente naquelas situações em que você precisa moderar ou controlar suas reações a fim de evitar atritos. Tal "habilidade de conviver" deve ser aprendida para a vida social, mas

45

não deve nunca ser usada demais, pois você pode desenvolver um padrão de inibição de seus pensamentos e sentimentos quando estiver acompanhado. É uma forma de sensibilidade ao fato de que em certas situações é mais sábio e harmonioso ficar quieto. Certamente essa energia mesclada quase insiste em sua necessidade de ser expressa, buscando conscientemente canais para isso nas esferas relevantes da vida.

A eficácia e a facilidade de aplicação dessas energias no cotidiano dependem muito da afinidade relativa dos planetas em conjunção. Podem fluir juntas quase "magicamente", permitindo que certos talentos e qualidades surjam espontânea e miraculosamente em canais criativos, se for feita uma tentativa para encontrá-los. O uso correto dos recursos pessoais é então alcançado em benefício da pessoa e, idealmente, também dos outros. Se há falta de afinidade ou de cooperação entre os planetas, a utilização da energia será mais difícil, e é provável um conflito interior, a fim de criar ajustes que permitam que essas energias trabalhem melhor em conjunto. Uma conjunção é um ponto de energia concentrada no mapa natal, se for adequadamente liberada numa área de vida adequada, área essa determinada pela posição na casa natal.

Sextil (aspecto de 60 graus)

O sextil indica uma relação natural de energia entre os planetas envolvidos e tem uma associação especial com o nível mental. De acordo com os planetas envolvidos, são dadas indicações da natureza da mente e do provável conteúdo natural dos padrões de pensamento. Aumenta a habilidade para absorver informações, examinando e conectando fragmentos de conhecimento numa percepção sintética. É uma função integradora da mente, revelada pelas ações da pessoa e por sua capacidade de se comunicar com os outros. É com freqüência associada a um talento de expressão criativa, especialmente com o uso de palavras, e ajuda a construir uma visão mental liberal da vida, baseada na habilidade de captar o conhecimento intelectual e o desenvolvimento cultural do homem. Sob a influência do sextil, há uma abertura que facilita a harmonia, uma vez que o efeito interior não restringe a mente e conduz ao desenvolvimento da curiosidade, espaço para novas ou outras percepções e facilidade de mover-se num ambiente social mais amplo e de cooperação em grupo.

Trígono (aspecto de 120 graus)

O trígono é um aspecto positivo reconciliatório, capaz de unir de forma funcional duas energias aparentemente opostas. Por isso, seu símbolo é o triângulo. O trígono é adequado para resolver dificuldades causadas por outros aspectos difíceis ou desafiadores, formados com qualquer um dos dois planetas. Como o símbolo do triângulo está associado a Plutão ao compreender e resolver o dualismo, os aspectos de trígono envolvendo Plutão e qualquer outro planeta provavelmente terão a chave dos processos de integração, cura e transformação pessoal, e devem ser cuidadosamente vistos sob essa luz.

Quadratura (aspecto de 90 graus)

A quadratura entre planetas indica uma relação de tensão e desafios, que não será resolvida sem algum tipo de adaptação interior. Potencialmente, trabalhar com a quadratura pode levar a maior harmonia interior, mas é provável que esta ocorra somente após um período de esforço prolongado e de frustração psicológica, cujo fogo faz o indivíduo renascer de alguma forma. Muitas vezes, parece indicar barreiras na psique individual, que repetidamente bloqueiam o caminho escolhido, uma reminiscência dos desafios da casa natal de Plutão. As "lições e desafios" que a quadratura representa são inevitáveis, crises que deverão ser enfrentadas como patamares ao longo da vida. As quadraturas são frustrantes, são uma fonte de conflito interior que, a não ser que o desafio seja encarado, terão um efeito negativo, impedindo desejos e intenções. Se a quadratura for "superada", serve como ponto de liberação de poder e energia que podem ser aplicados para atingir objetivos pessoais. A quadratura está associada a áreas de problemas psicológicos, é uma tentativa vital de reestruturar a vida interior, a mente ou as emoções.

Oposição (aspecto de 180 graus)

A oposição geralmente diz mais respeito ao mundo exterior objetivo e às relações com os outros. Entretanto, a não ser que o foco pessoal esteja totalmente orientado para alcançar algo no mundo exterior, é provável que seja um conflito menos pessoal do que a quadratura. Enquanto a quadratura é um desafio mais pessoal, as oposições tendem a se projetar para o exterior (como a Sombra), nos outros, criando um contexto eventual onde podem ser percebidas, observadas e trabalhadas como projeções psicológicas. Pode haver sinais de comportamento compulsivo, exigências feitas aos outros, demonstrações do poder da vontade e autoabsorção que, com freqüência, interferem nas relações íntimas, associados a tentativas de manipular pessoas e situações para obter vantagens pessoais.

As relações harmoniosas e criativas podem ajudar a resolver o conflito entre a oposição das energias planetárias. Os trígonos e sextis com um dos planetas da oposição também podem ajudar a resolver os problemas.

Aspectos Sol-Plutão

Conjunção Sol-Plutão

Para realizar ambições e desejos aos quais seu Sol natal o direciona, você aplicará a energia de Plutão, que age como um ampliador de sua força de vontade. Potencialmente, essa conjunção pode ser muito valiosa, por permitir que você atinja seus objetivos. Porém, para maximizar suas chances de sucesso, você deverá fazer vários ajustes em seu temperamento e suas atitudes.

Plutão lhe dará poderes de regeneração e renascimento; assim você achará que é capaz de transformar a si mesmo e, em certo grau, seu ambiente, de forma que expresse seu objetivo. Quando você determinar sua direção e sua intenção interior, será capaz de ver o que precisa mudar como pré-requisito do sucesso, para então começar a aplicar sua vontade.

A energia liberada por esse aspecto tende ao extremismo. As crenças, idéias e opiniões serão expressas com força e intensidade. Você se sentirá muito seguro de suas preferências pessoais na vida, e suas atitudes poderão ser polarizadas em "branco e preto", sem dar espaço ao cinza ou sem aceitá-lo como alternativa viável. Quando suas opções são feitas, é como se você as tivesse escrito em blocos de pedra; mesmo que tenha a capacidade de mudar, não irá querer fazê-lo, nem alterar suas atitudes fixas, a não ser que ache que não tem alternativa. Você acha difícil ser equilibrado, no sentido da tolerância universal e da compreensão das fragilidades humanas. Provavelmente adotará uma filosofia linha-dura, expressando a opinião de que as pessoas podem mudar suas vidas e serem auto-suficientes se quiserem, em vez de serem fracas e se apoiarem nos outros, apesar de você mesmo resistir a mudanças.

Você tende a ser agressivo e atraído pelo poder. Os que parecem ter influência sobre os outros atrairão você, pelo menos no sentido de que gostaria de estar no lugar deles. É provável que esse desejo influencie sua direção na vida, seu trabalho e sua carreira, inclusive os conflitos familiares. Você usará a manipulação e a pressão psicológica como alavancas para garantir a vitória em qualquer disputa de poder. Sua objetividade e impiedade podem trazer sucesso aparente, assim como um crescente número de inimigos. Você terá de aprender que não é o centro do universo e que não pode pisar nos outros para atingir seus fins. Uma adaptação para perceber melhor os outros, respeitar seus sentimentos e admitir que suas próprias visões de vida são tão válidas quanto as suas pode criar uma energia mais harmoniosa em sua vida e a satisfação de relações pessoais bem-sucedidas. Aceitar o fracasso pode ser um passo positivo para você, para dissolver a tensão e para interromper a busca compulsiva de sucesso. De outra forma, ficará obcecado em alcançar seu objetivo e mais disposto a prejudicar os outros, além do fato de que o fracasso destruirá sua auto-estima.

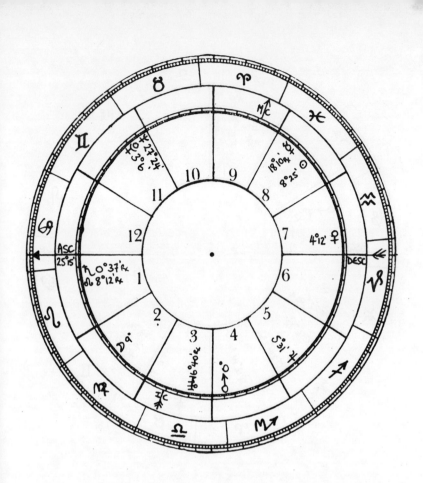

Roberto Assagioli
Criador da psicossíntese
Plutão em quadratura com o Sol
em quadratura com a Lua
em trígono com Vênus
em oposição com Júpiter
em sextil com Saturno
em conjunção com Netuno
Plutão natal na Casa 11.

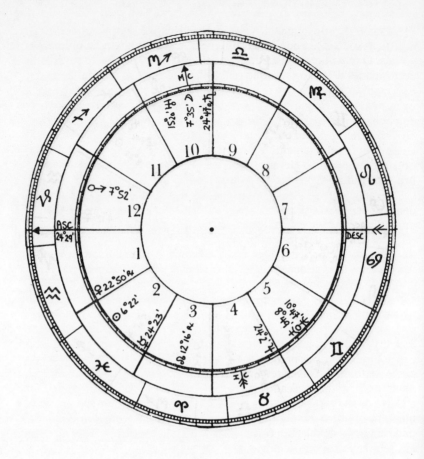

Meher Baba
Avatar, guru silencioso
Plutão em quadratura com o Sol
em conjunção com Netuno
Plutão natal na casa 5.

Quase paradoxalmente, você também reagirá com vigor contra as injustiças sociais, e pode ser atraído pela busca do alívio de problemas sociais. O movimento nessa direção depende de quanto você percebe as necessidades dos outros, o que reduz sua necessidade pessoal de poder e sucesso. O fator chave é se você está orientado para si mesmo ou para os outros. Isso determinará sua reação frente à humanidade. Sua atitude pode ser: "Eles podem mudar e ajudar a si mesmos" ou "Eu mudarei e usarei meu poder para ajudar os outros a se ajudarem". Tal passo envolve um realinhamento de seu *self* egocêntrico com um ideal e um objetivo interior mais elevado. Significa que você deve tornar-se um membro integrado e receptivo da humanidade.

Grande parte de sua energia terá uma potência sexual, e, independente de seu sexo físico, terá uma qualidade penetrante e uma natureza masculina, agressiva. Suas necessidades físicas serão fortes e você será objetivo em seus desejos e perseguirá sua "presa" sem desviar-se quando sua escolha for feita. Elementos de conflito e manipulação estarão presente em suas relações e, ao ser rejeitado, se sentirá muito mal, pois isso afeta negativamente sua auto-imagem. Entretanto, suas relações serão muito intensas e você se comprometerá sinceramente enquanto durarem, envolvendo-se muito emocionalmente.

De fato, é provável que a compreensão emocional seja seu ponto fraco, pelo menos até que certas transformações ocorram em seu interior e diminuam sua preocupação consigo mesmo. Você sentirá quase como se fosse dissolver-se em relações de paixão, perdendo-se em seu amante e ficando obcecado com a relação. Tais experiências podem ser a chave de sua transformação ou podem fazê-lo temer por sua sanidade mental e objetivo escolhido, de forma que comece a rejeitar tal intensidade em troca de relações físicas mais superficiais e de liberação de energia sem envolvimento emocional.

Sextil Sol-Plutão

Com esse aspecto você deve ser capaz de utilizar a energia de Plutão de maneira positiva e construtiva. Você é habilidoso e capaz de dirigir sua vontade a fim de atingir suas intenções, acreditando que com motivação e direção claras será capaz de ser bem-sucedido. Você também tem considerável capacidade de perseverança, o que o ajudará a extrair seus recursos interiores.

Você tem vários talentos naturais, que pode usar tanto em seu benefício como em benefício dos outros. A comunicação é um desses talentos e você deve ser capaz de transmitir seus pensamentos clara, fluentemente e com estilo. É provável que você trabalhe com grupos de pessoas, através de ideologias comuns dirigidas à solução dos problemas da sociedade, já que você se sente pessoalmente responsável por trabalhar para melhorar as condições sociais. Você não gosta de ver injustiças serem feitas ao "oprimido" e não tolera desordem e caos social. Prefere abordar tais desafios usando sua vontade e perseverança num enfrentamento direto, acreditando que sua força vencerá.

Você pode tornar-se um porta-voz de tal empreendimento de grupo, já que tende a inspirar as pessoas que respondem bem à aura de poderosa energia que você emite, criando confiança em sua integridade e habilidade para promover a causa. Para seus companheiros mais próximos, a energia tem efeito harmonizador. Você tende a usá-la como um guia pessoal para determinar a abordagem correta para determinada situação, quase como uma forma de intuição psíquica, que substitui a lógica e a análise. Você confia nesse sentimento ao tomar as decisões necessárias, apesar de ser difícil para você explicar suas razões de forma convincente.

Uma compreensão natural do processo da vida deve ser evidente, através da qual você aceita que o progresso eventualmente requer a liberação de velhos padrões restritivos, e isso você é capaz de fazer sem muito trauma, como parte de seu próprio processo de regeneração. Na verdade, você tem a capacidade de contínuo crescimento criativo em suas relações, obtido sem dramas ou crises desnecessárias, quase uma expressão natural evolucionária da energia deste aspecto. Você deve revisar periodicamente suas relações e expressão social, e isso serve de impulso para a transformação, se necessário, mas sem força ou pressão indevida.

Trígono Sol-Plutão

A relação entre as energias dos dois planetas é mais harmoniosa e natural com esse aspecto. Você deve ter a usual capacidade de concentrar e aplicar sua força de vontade, assim como o potencial da transformação regenerativa necessária para atingir uma auto-integração mais profunda e seus objetivos.

Você será menos influenciado pela qualidade prejudicial da energia de Plutão se utilizar seus dons naturais de forma socialmente aceitável. Será capaz de fazer uso máximo de quaisquer recursos inatos que possua, dirigindo-os para atingir seus objetivos. Terá sensibilidade social e se sentirá tentado a aplicar seus talentos a fim de melhorar o ambiente social, e o fato de você ter um *insight* natural ao resolver problemas de forma eficaz pode levar a uma carreira ou vocação em desafiantes áreas de resolução de problemas. Você terá certas habilidades financeiras e uma mente lógica e dedutiva, preferindo realizar projetos onde você parece estar organizando o caos. Isso dá um sentimento de satisfação, já que você detesta o caos e a falta de uma ordem visível. Seja em sua vida ou em seu ambiente, você quer ter controle e criar uma harmonia ordenada.

Você tem o potencial para ser um porta-voz ou um líder, quando sua vitalidade dá a impressão de uma direção objetiva, e sua expressão otimista e muito criativa pode atrair apoio. Isso ocorre naturalmente, sem a usual ânsia plutoniana de poder e de manipulação dos outros; de fato, você tem pouca compulsão para a liderança.

Provavelmente, você terá uma habilidade que lhe dá claros *insights* das situações, talvez até um certo grau de clarividência, cuja exploração através da ioga, meditação e formas de autodescoberta pode liberar e ampliar. Pode haver uma energia curativa, possivelmente ajudando outros que podem absorver o excesso de energia liberada por você no nível inconsciente. Você poderá ser um grande apoio ao parceiro ou a qualquer um que necessite ajuda para resolver problemas.

Você poderá beneficiar-se do que parece ser "sorte" em sua vida, que pode vir de herança ou da falta de sorte de outros. Você tem um potencial criativo considerável, mas, para liberá-lo completamente, terá de sofrer uma transformação interior que dissolva os bloqueios que impedem seu sucesso. É necessário aprender a usar esse aspecto energético. Se você for capaz de canalizar essa energia para o benefício social e não tentar evitar e resolver os problemas pessoais que surgem em você e na relação, deverá sofrer poucas das tradicionais dificuldades implicadas pela energia de Plutão, o que muitas pessoas consideram uma bênção.

Quadratura Sol-Plutão

A energia e os desafios liberados por essa quadratura podem ser difíceis de lidar, pois as tendências negativas associadas a Plutão estão bem presentes. Na melhor das hipóteses, chegar a um entendimento consciente e claro de certos aspectos de sua natureza servirá para minimizar os efeitos mais negativos e destrutivos dessa energia desgastante, e para permitir que você a dirija para canais mais positivos. Entretanto, você terá de se manter atento quanto a exprimir essa energia, pois sua peculiar qualidade ainda assim estará vitalizada e não pode ser anulada, poderá apenas usá-la de maneira sábia.

A tendência de Plutão para a ambição, a força, o poder, a dominação, a agressão e o extremismo também existirão como fatores de motivação e compulsão em seu caráter. Você tende a acreditar que sua força de vontade dirigida pode agir de forma mágica, alcançando seus desejos e objetivos pelo exercício da vontade concentrada. Muitas vezes, você será magicamente bem-sucedido, mas geralmente há algum preço oculto a ser pago. Na verdade, aplicar sua vontade pode levá-lo a resultados negativos e destrutivos, opostos à sua intenção inicial. Em certo sentido, assim como o escorpião, é provável que pique a si mesmo e aos outros.

Você sentirá considerável tensão interior como resultado dessa relação de energias, muitas vezes achando difícil "ultrapassar barreiras" que parecem estar entre você e seus objetivos. Esse é Plutão tentando forçá-lo a uma transformação interior, cuja necessidade você sente cada vez que sua pressão interior de intenções frustradas aumenta a ponto de ser difícil conviver com ela, até "estourar", liberando a pressão. Algumas mudanças ocorrem como resultado de uma forte experiência catártica, permitindo que você se mova em direção ao sucesso ou crie um novo caminho a seguir.

Sua atitude quanto à autoridade é ambivalente. Apesar de você possuir certas qualidades de liderança e habilidades administrativas, geralmente se opõe à autoridade e é cético, subversivo e iconoclasta em seu discurso e pensamento. Obviamente, isso não o levará ao progresso em muitos campos da sociedade, mas você é muito livre e independente para ser subserviente. É provável que os outros mantenham uma distância psicológica de você, pois sua "emanação" geralmente sugere, de forma inconsciente, que você é "perigoso", que sua maneira de ver as coisas é potencialmente desafiadora e transformadora e que um envolvimento mais profundo poderia provocar neles alguma mudança desconhecida. Outros podem achar essa energia fascinante e gostar muito de sua companhia. Depende muito de sua habilidade em manejá-la.

Você busca adversários para enfrentar como teste pessoal e por divertimento, sentindo-se como um feroz guerreiro numa batalha. Isso pode ser expresso em todos os níveis: físico, emocional e mental. Talvez você não expresse isso em termos tangíveis, muitas vezes entrando nesse estado animoso consigo mesmo, lutando em batalhas imaginárias com um oponente em termos de discórdia ideológica e diálogo interior. Você detesta a idéia de perder.

Você é difícil de entender, parece enigmático e pode resistir ao envolvimento emocional com outros. Isso ocorre porque você reconhece sua profundidade emocional e a força de seus sentimentos, e sua intensidade faz com que se sinta extremamente desconfortável, especialmente se perder o controle ao se apaixonar. Tem medo de não possuir controle total, e geralmente tenta criar um contexto na relação no qual se sinta comandando a situação. Apesar de dar a impressão de grande autocontrole e equilíbrio, você esconde seu turbilhão interior, que pode vir à tona como reações desmedidas a fatos pouco importantes de sua vida ou ser forçosamente liberado quando alguém "aperta o botão", provocando uma resposta.

Você prefere a estabilidade e freqüentemente resiste a mudanças, especialmente se tiver estabelecido um padrão que lhe sirva. Pode haver certa apreensão quanto a atingir seus objetivos. Às vezes, você progride, mas perde o interesse quando deve ser feito o esforço final. Deve aprender a reconhecer a ajuda dos outros e estar aberto a sugestões, já que essas podem indicar a direção a ser tomada. Compromisso e cooperação são duas lições que devem ser aprendidas o mais cedo possível, assim como moderação na vida e auto-expressão. Quando tiver atingido o equilíbrio entre ser receptivo aos outros e sua tendência de dominar, querendo que se submetam a você, verá que a qualidade de suas relações começará a melhorar de forma criativa e construtiva.

Seria ideal que você redirecionasse essa energia abrasiva para dentro de si. Pode não ser fácil e envolver certo sofrimento pessoal, mas tem o potencial de estimular uma transformação radical, o que seria muito benéfico e tornaria a vida mais satisfatória para você e para os que estão envolvidos com você.

Oposição Sol-Plutão

Com essa energia atuando sobre você, a maioria de seus problemas e desafios surgirá na área das relações interpessoais, criados ou estimulados pela própria expressão dessa energia, que requer maior compreensão e ajustamento interior para que você venha a se beneficiar de seu poder.

Seu temperamento será assertivo, agressivo e extremista, e você tenderá a usar sua força de vontade como um martelo para atingir seus objetivos. Você prefere forçar as situações de forma a tirar vantagens antes que alguém mais o faça, ou agirá impulsivamente sem considerar as conseqüências de seguir seus desejos e objetivos. Sua vontade e sua personalidade podem parecer aos outros um pouco arrogantes, provocadoras e dominadoras, especialmente porque você prefere sempre ter controle total sobre todas as situações e detesta ficar inseguro em seu território ou sentir que não há nada que possa fazer para influenciar as circunstâncias a seu favor. É por isso que você quer estar numa posição de autoridade, regendo a orquestra e ditando as regras, mas é muito antiautoritário quando os papéis se invertem. Você então usa sua influência sendo subversivo e manipulando os outros para que resistam à autoridade.

Socialmente, você sente o desejo de mudar o mundo à sua imagem, de forma a refletir o que você acha que deveria ser. Como quase todos tentam fazer o mesmo, de uma forma ou de outra, você inevitavelmente entrará em conflito com os que não concordam com a sua panacéia para as doenças do mundo. Se tentar impor-se às pessoas, expressando-se de forma agressiva, não conseguirá obter o tipo certo de apoio e cooperação, especialmente se ficar claro que você pretende ser o rei e árbitro final. Tais personalidades dominadoras e agressivas geralmente afastam os seguidores mais criativos, conservando meros "discípulos", que permanecem com o "líder" em submissão adulatória.

Sem percepção e entendimento adequados, essas tendências energéticas expressam-se de forma negativa, eventualmente em seu próprio prejuízo. Pela percepção, elas podem tornar-se ferramentas extremamente positivas a serem usadas de maneiras socialmente criativas. Você deve passar por um período de auto-regeneração para reconhecer o direito que os outros têm de se afirmar e ser eles mesmos, e não meros apêndices de sua vontade. Tornam-se possíveis relações mais harmoniosas e bem-sucedidas se sua necessidade de auto-asserção diminuir pelo aumento do auto-entendimento e da confiança em seu próprio valor e identidade. Isso pode envolver aprender a confiar mais em si mesmo para atingir seus objetivos, em vez de ter de manipular os outros para que, inconscientemente, trabalhem para seus propósitos particulares. As mudanças interiores levam a atitudes menos agressivas ao trabalhar com os outros e a menos desconfiança, além de um grau de compromisso em suas atitudes que certamente trará benefícios para você e para os outros.

LUA-PLUTÃO

Conjunção Lua-Plutão

Essa conjunção indica que você experimentará fortes emoções e sentimentos, cuja intensidade parece dominar suas escolhas e decisões, quase como se você perdesse o controle sobre sua vontade. Como os "gatilhos" ocultos que agem como estímulo para suas experiências emocionais estão localizados no inconsciente, você poderá sentir que existe um destino compulsivo ou obsessivo atuando em sua vida.

É principalmente na esfera das relações que você sofrerá o impacto potencialmente transformador dessa energia e encontrará seu destino. Essa esfera terá uma importante influência na direção a dar à sua vida. É provável que a energia da conjunção seja aplicada na dominação emocional dos outros, influenciando esses e os eventos a seu favor, possivelmente por uma tendência a se aproveitar dos sentimentos dos outros por você, especialmente enquanto amante ou pai. Podem haver crises periódicas, como se a energia emocional reprimida estivesse subindo à superfície e exigisse liberação imediata. Essa explosão de energia pode tomar a forma de uma "erupção vulcânica", levando a atritos e confrontos familiares entre casais e filhos, e até a importantes e súbitas mudanças que surgem com aparente espontaneidade. Para você essa liberação é essencial, mesmo que exija que você deixe tudo o que vinha construindo e destrua suas pontes com o passado.

Seu humor pode ser inconstante, refletindo o fluxo e refluxo das marés da Lua, e você buscará profundidade e intensidade em suas relações íntimas. Você idealiza o parceiro perfeito, e muitas vezes prefere ficar sozinho e não se envolver com quem não cabe nesse ideal, preferindo esperar o parceiro que lhe foi destinado. De muitas maneiras, você busca a incorporação física de sua imagem interior de parceiro, seu *animus* ou *anima*, que você projeta nas pessoas reais sob a forma de comparação.

No amor, será comprometido com a relação, amando profundamente, sendo quase consumido pelo fogo da força e da natureza de seus sentimentos. É provável que seja uma obsessão durante algum tempo, difícil de lidar, e uma preocupação total para você nos primeiros estágios do caso amoroso. Você será muito possessivo e exigente com o parceiro, possivelmente crítico demais quando se der conta de que ele não é o parceiro ideal, como acreditava inicialmente. Você detesta ser rejeitado, especialmente se suas emoções ainda estão ligadas ao ex-amante, pois a paixão se volta para você por necessidade de recipiente e o queima. Por vezes, a linha entre o amor e o ódio pode ser muito tênue, e é possível que você tenda ao sadismo e ao masoquismo emocional.

Suas relações podem ser emocionalmente destrutivas para todos os envolvidos — quando as paixões são intensas e as pessoas se perdem no fogo da emoção. As pessoas podem ser mudadas positiva ou negativamente nesse processo, e com certeza emergem diferentes do que eram quando começaram a relação. Você precisará avaliar continuamente qualquer relação para assegurar que cada um se beneficie de seu prosseguimento e que essa energia seja elevada e não escravize em nome do amor.

Seu estilo pode ser um pouco impaciente e tirânico, e talvez tenha pouco amigos — apenas os que podem aceitar intensidade e profundidade interior, em vez de se preocuparem com o trivial —, principalmente porque você vive suas emoções tão fortemente o tempo todo. No ambiente familiar, você deve ter cuidado para não usar sua tirania sobre as pessoas, aprendendo a curvar-se e comprometendo-se a viver harmoniosamente com os outros.

Se você conseguir aprender como permitir que suas energias venham facilmente à superfície, e a desenvolver relações e canais adequados para verter a energia de forma construtiva, a maior parte das dificuldades deste aspecto pode ser resolvida. Reprimir suas emoções cria mais problemas, levando à possibilidade de crises e explosões emocionais, o que deve ser evitado. Você também precisa desenvolver a compreensão de que seu parceiro ideal deve ser encontrado na vida real, e não como o irreal (no mundo físico) arquétipo feminino ou masculino interior. A maturidade, a profundidade, a intensidade e o entendimento das emoções têm potencial para serem desenvolvidos se você passar pela transformação do *self* que Plutão quer operar, conforme é demonstrado em sua natureza emocional.

Sextil Lua-Plutão

Esse é o aspecto mais harmônico com Plutão: pode conferir uma fé fundamental na vida, de que tudo vai dar certo e que você é capaz de aplicar sua vontade para fazer com que os objetivos imaginados se tornem realidade.

Seus problemas com a intensidade emocional e os padrões compulsivos de comportamento são provavelmente menores, e você se sente mais seguro, a ponto, inclusive, de ser emocionalmente auto-suficiente. Nas relações, às vezes fica meio absorto em suas próprias preocupações, e isso faz com que você pareça um pouco frio e distante. Entretanto, esse não é o caso, pois o amor é importante para você e necessário ao seu bem-estar emocional. Porém, você é independente do outro o bastante para ter estabilidade e objetividade. Tende a ter uma experiência e compreensão mais intelectuais do amor, em vez de paixão pura e intensidade associadas à energia de Plutão. O sextil parece equilibrar a energia mais natural e facilmente, apesar de você conservar a capacidade de renovar e transformar padrões emocionais e estilos de vida antiquados, substituindo-os por formas mais adequadas de expressão.

Você se interessa em observar os outros, tentando perceber suas motivações e a maneira como vêem as coisas, o que pode ajudá-lo a se expandir e se enriquecer, além de servir para dissolver atitudes rígidas e padrões de convicções em você, que podem ser limitantes. É sensível aos sentimentos dos outros e desenvolverá preocupação e senso de responsabilidade pela reforma social a fim de melhorar a qualidade de vida. Poderá fazer algum trabalho relacionado ao serviço público, talvez numa posição administrativa e não executiva, pois você tem habilidade para negócios e organização. Você pode ser atraído a trabalhar com pessoas mais jovens por ter uma afinidade natural com elas, preocupando-se com seu futuro na vida e na sociedade. Usará sua energia e sua fluência na comunicação em situações que exijam uma energia harmonizadora, e sempre tentará viver e expressar-se de forma a assegurar a manutenção da harmonia.

Ao dirigir sua vida, você tentará aplicar o princípio segundo o qual "a energia segue o pensamento", visualizar sua intenção claramente é o primeiro passo para torná-la real, e o próprio pensamento é uma energia que pode realizar seu objetivo. Ver esse trabalho na vida real amplia sua fé essencial de que "a vida está ao seu lado" e lhe dá confiança para seguir seu próprio caminho.

Trígono Lua-Plutão

Esse aspecto lhe dará um senso básico de segurança interior, aliado a uma confiança em sua própria força e capacidade para enfrentar com sucesso situações difíceis.

Você sentirá profundidade e intensidade em suas emoções, que você tende a manter sob certo grau de controle auto-imposto pela vontade, já que tem medo de deixar que se expressem livremente. Esse medo é fundamentado em experiências reais de vida — quando você perdeu o controle emocional em circunstâncias provocadoras — e agora reluta em liberar suas emoções.

É provável que você tenha uma forma intuitiva de *insight* sobre as pessoas, uma penetrante percepção de sua natureza e motivações ocultas, o que faz você ter uma atitude respeitosa em relação aos outros. Oferecerá apoio e ajuda irrestrita a amigos em necessidade, e é sensível às crianças. Por causa dessa tendência, talvez o atraia trabalhar com pessoas, num serviço público ou social, ou onde sua habilidade para resolver problemas possa encontrar áreas de desafios sociais ou envolver aspectos de administração financeira.

Freqüentemente, você aplicará alguma técnica que implique o uso criativo de sua imaginação e vontade, pela qual essas energias serão direcionadas para a manifestação de seus pensamentos na vida real, criando ativamente seu próprio padrão de vida segundo seus desejos pessoais. Você terá uma habilidade natural para combinar a vontade e a criatividade de uma forma que muitos invejam e que para você é muito fácil. Use o máximo esse talento, mas certifique-se de que as intenções imaginadas são movidas pela motivação certa; caso contrário, os resultados serão negativos para você e para os outros.

Em suas relações íntimas, você espera alta qualidade — e por isso será cuidadoso ao escolher parceiros para uma relação longa ou casamento. É provável que queira ter filhos e que o nascimento de uma família tenha um impacto considerável sobre você, dando-lhe uma perspectiva mais madura e responsável. Seus sentimentos serão muito ligados à família e ao lar, você fará força para que funcione bem para todos os envolvidos, e relutará em jogá-la fora em troca da satisfação temporária de desejos pessoais.

Quadratura Lua-Plutão

A energia liberada por esse aspecto pode criar dificuldades em suas relações pessoais e em sua vida emocional interior, que será intensa e forte. Pode haver uma atmosfera de amargura emocional, que psiquicamente pode fazer com que os outros prefiram manter distância de você, pois registram um sentimento de perigo elementar.

O tema do controle é novamente crucial e dominante; você sente que deve manter controle constante sobre suas emoções e também tenta controlar o ambiente à sua volta pela força de sua presença, tentando evitar qualquer "ameaça" dos outros. Isso leva à dominação em suas relações como forma de controle, exigindo que os outros se adaptem aos seus desejos, o que desequilibra as relações. Você quer ser o "galo" e não aceita uma posição submissa. Se for forçado a isso, sabota seu superior. Você pode reagir com violência aos esforços de quem quer que queira mudá-lo, e pode intensificar a expressão da parte de sua natureza que o outro quer mudar.

Você é naturalmente um solitário, um pouco impaciente, tem atitude potencialmente agressiva se não for cuidadosamente controlada e moderada. Expressa-se de forma direta, às vezes com falta de tato e diplomacia, é cáustico e brusco, especialmente com pessoas pelas quais tem pouco respeito. Isso pode lhe trazer problemas no trabalho e na vida social, mas não o incomoda muito, já que você acha que é mais importante ser fiel a si mesmo. Você precisa aprender como criar e manter uma relação positiva e construtiva com os outros, obter *insight* da interdependência das pessoas e trabalhar nisso de forma harmoniosa e não apenas destrutiva.

Você detesta sofrer restrições e revolta-se quando sente que qualquer laço o aprisiona, mesmo que você tenha sido o primeiro a criar o laço, por razões do momento. É ambivalente quanto ao passado, e com freqüência quer esquecê-lo totalmente, pois não tem relevância no momento. Porém, às vezes, você expressa uma ligação sentimental em relação ao passado, evocando-o de alguma forma. O passado, pelo menos, você conhece; o futuro algumas vezes o amedronta, dando-lhe uma sensação de mal-estar, especialmente porque você não pode controlá-lo como gostaria. É difícil viver com esses intensos sentimentos de energia destrutiva, com o impulso de esmagar e quebrar todas as barreiras em sua vida que o impedem de viver a "liberdade". Esses sentimentos criam enorme tensão e pressões interiores que devem ser controladas e reprimidas, pois, se liberadas de forma errada e num momento impróprio, podem causar muito dano a você mesmo e à sua família. Pode ser difícil para os outros entenderem como essa sensação de energia emocional destrutiva condiciona grande parte de sua expressão pessoal. Também é difícil para você descobrir formas satisfatórias de liberar essa energia através de canais construtivos, mas é essencial que seja bem-sucedido a fim de prevenir confrontos durante toda a vida. Muitas vezes, você tende a forçar as coisas, liberando a energia em forma de confronto, o que traz mudanças dramáticas e súbitas à sua vida, puramente como uma válvula de escape da pressão que aumenta quando você sente que não está controlando sua vida ou direcionando-a por caminhos que acha certos. A tendência é explodir ou implodir, para dar início à transformação necessária e criar espaço para a nova vida.

Você precisa começar a confiar mais em sua família e em seus parceiros, a compartilhar e comunicar com maior fluência essas dificuldades interiores, para que os outros possam ajudá-lo a liberá-las com menos desgaste. Comprometer-se é essencial; o mundo não gira em torno de suas necessidades e desejos, e conviver requer apoio e benefício mútuo. Um redirecionamento de sua energia egocêntrica para ajudar os outros pode ser um canal positivo para que sua intensidade emocional flua de maneira harmoniosa e reduza a pressão interior. Uma compreensão mais profunda da natureza humana, talvez por meio de cursos e estudo de psicologia, ocultismo, meditação e auto-exploração, será de grande benefício e dará um *insight* das energias e níveis de consciência que se combinam para criar a complexidade da personalidade humana.

Oposição Lua-Plutão

A energia gerada pelo aspecto de oposição pode criar bloqueios emocionais, fazendo com que a expressão de seus sentimentos seja difícil e acumulando energias emocionais que não encontram forma de serem liberadas. Como na quadratura, isso propicia uma tendência a manter um firme controle interior que pode influenciar sua expressão nas relações com uma atmosfera de violência e paixão reprimidas. Às vezes, você é como uma cobra pronta para o bote, esperando a caça estar à distância adequada apenas para descarregar o excesso de energia interior.

A pressão e a tensão interiores podem fazer com que os outros não se sintam totalmente à vontade em sua companhia. Você geralmente desconfia das pessoas e raramente permite acesso ao santuário interior de sua vida pessoal. Esse distanciamento pode convir-lhe. No lar você não gosta de intromissões e fica ofendido se alguém tenta mandar em você ou ser paternalista. Se alguém é controlador e dominador, tem de ser você! Apesar da tendência a mandar e controlar sua própria família e quem mais puder, não gosta de reconhecer a autoridade dos outros. Aceita-os apenas se achar que realmente merecem suas posições, caso contrário, mostra pouco respeito e pode até sabotar a influência deles. Logo, você não é o empregado ideal!

Para você pode ser difícil ser constante em suas relações íntimas — não no sentido de amor, mas no sentido de sua demonstração. Isso se deve a bloqueios emocionais e à necessidade de controlar. Assim, você às vezes parece caloroso e outras, indiferente com seu parceiro, dependendo de como está seu mundo emocional no momento e não da profundidade de seu amor.

Você é emocionalmente sensível, sente-se realmente ferido se o outro não responde ao seu avanço, uma vez que você tem um baixo limiar para a dor, num nível tal que intensifica suas mudanças de humor. Você tende a "armazenar dor", o que apenas aumenta a pressão interna, que por sua vez afeta as relações domésticas, e assim por diante, num círculo vicioso. A frustração pode ocorrer, já que você espera demais de suas relações, frustração muitas vezes causada por seus próprios problemas interiores, que fazem com que você receba e sinta menos prazer do que deveria. Seu contato com o mundo é orientado pelo sentimento, e o impacto deste último ocorre em seu corpo emocional, o que influenciará sua percepção básica da vida.

Pode haver disputas relacionadas a finanças ou heranças na família, e, com certeza, por posições de autoridade. Você quer ganhar. Não gosta de receber conselhos, por achar que os outros estão interferindo ou tentando dominá-lo, e invariavelmente tentará tomar suas próprias decisões e trilhar seu próprio caminho. Mesmo que esse pareça estar levando na direção errada, a decisão e a escolha são suas, e por isso estão certas.

Você precisa reconhecer os direitos dos outros, assim como sua importância em sua vida. Novamente, a concessão é uma virtude importante que você deve aprender a usar. De outra forma, a teimosia e a obstinação farão com que perca, mais do que ganhe, por falta de moderação e equilíbrio. Aprenda a valorizar seu parceiro, a ser menos insistente na satisfação de sua vontade e de seus desejos e a ouvir os outros; uma pequena mudança interior pode estimular o aparecimento de muitos benefícios, que lhe custarão muito menos do que você imagina e que só o farão mudar para melhor. Essas mudanças também podem servir para liberar parte da energia emocional com que, no momento, pode ser difícil lidar. Em vez de tentar mudar sua família e seus amigos, vire esse impulso para dentro e use-o para mudar a si mesmo numa imagem mais harmoniosa socialmente, que é o que Plutão está tentando convencê-lo a fazer.

ASPECTOS MERCÚRIO-PLUTÃO

Conjunção Mercúrio-Plutão

Você deve ter uma mente poderosa, penetrante e incisiva, que é atraída a observar além das aparências; sejam elas fachadas sociais, teorias intelectuais ou filosofias, você será capaz, pela sua curiosidade inata, de ver sob a superfície. Como você tende a ver sua mente como uma fonte a ser utilizada, freqüentemente coleta fragmentos de informação em suas buscas, tentando juntá-los de forma prática.

Você se sente à vontade em sua mente, e gosta de aplicá-la na resolução de uma série de desafios e problemas, confiando em sua capacidade. Seguindo sua natural habilidade para a investigação, há um processo interior através do qual você tenta extrair um significado de seus estudos e de suas experiências — significados ocultos que são relevantes apenas para você mesmo, apesar de poderem ter algum valor para um público maior. Na sua mente, há uma tendência purista que faz com que você adote uma atitude bastante impessoal em relação a pessoas e fatos, dando muito valor à "verdade" oculta sob os jogos sociais. Sua sinceridade pode provocar reações dos outros.

Como ocorre com a energia e Plutão, haverá uma profundidade e uma dimensão impenetráveis em sua mente, com tendência ao extremismo e à agressividade, expressos de forma energética quando você manifesta seus objetivos. Sua habilidade em concentrar sua força de vontade e de mantê-la enquanto for necessário o ajudará a realizar seus sonhos. Suas crenças e opiniões tendem a ser fixas, e será difícil demovê-lo de qualquer posição que tenha decidido tomar; você prefere expressar vigorosamente seu ponto de vista contra seus oponentes. Como detesta que seus argumentos sejam considerados fracos ou falaciosos, você tende a estar bem preparado e confiante ao ser desafiado em qualquer tema. Por outro lado, já se preparou para evitar o confronto, se acha que será derrotado. Pode haver uma tendência a manter ressentimentos contra os opositores ou contra os que estão em seu caminho, e você se lembrará deles esperando o momento propício para ajustar contas.

Problemas sociais e sofrimentos desnecessários provocarão em você fúria e dor, assim como a hipocrisia social e política. Você tende a res-

62

ponder a esses sentimentos reorientando sua energia para canais que diretamente se opõem àqueles que parecem estar criando ou ampliando tais problemas. Você acha que pode contribuir para mudar as coisas para melhor, o que pode levá-lo a envolver-se com políticas radicais. A natureza de sua visão política depende de sua análise pessoal das razões, mas em casos extremos pode tender para o anarquismo. Qualquer tática de subversão atrai a energia de Plutão, assim como a ênfase na mudança e na transformação. Se a ênfase social de Plutão for dominante, grande parte de sua vida será direcionada para o tema da transformação, social e política.

Você tende a ser exigente em suas relações pessoais, esperando que o parceiro tenha força e caráter. Porém, mesmo que procure forçá-lo a se submeter psicologicamente, será muito melhor se não conseguir, pois uma boa relação precisa de igualdade e respeito mútuo. Muitas vezes se inclina a usar seu poder de persuasão para fazer com que os outros concordem com suas opiniões, mas deverá aprender a ser mais tolerante e compreensivo quanto à liberdade e ao direito dos outros de manterem seus próprios pontos de vista. Seu parceiro ideal a longo prazo deve ter opiniões, motivação e interesses semelhantes aos seus, porque você tende a transformar a relação numa espécie de luta pelo poder intelectual, que provavelmente logo ficará amarga se vocês não tiverem essas características em comum. O tom obsessivo de Plutão pode causar algumas dificuldades, tanto em suas preocupações mentais como em sua relação, especialmente se você não for consciente desse aspecto, o que pode com facilidade torná-lo excessivamente egocêntrico se mal dosado. O lado positivo de uma relação é que ela pode romper essas tendências e expor a consciência do "outro". Certamente você deve aprender a considerar que qualquer relação pode trazer um caráter mais positivo à sua vida.

Sextil Mercúrio-Plutão

A natureza de sua mente será inclinada ao intelectualismo, e você será atraído pela esfera das idéias, expressando uma curiosidade questionadora e criativa, além da habilidade de compreender a variedade de respostas que descobre em várias fontes. Sua mente tende a ser analítica, e é provável que você seja atraído por um trabalho que envolva pesquisa, estudo ou ensino. Você tem a habilidade de intuir o significado sintético e subjacente do conhecimento variado que adquire, e isso pode ser compartilhado com os outros. Sua entusiástica natureza inquisitiva pode estimular os outros a buscarem respostas por si mesmos, sem depositar confiança total nas "autoridades". Você também tende a adquirir considerável informação sobre uma grande variedade de assuntos com muita facilidade, retendo-a na memória. Assim, você pode ser um receptáculo de divertimento ou mesmo de importantes conhecimentos em benefício dos outros.

Sua mente será penetrante e perceptiva, vendo com freqüência os componentes essenciais através das aparências, e com certeza novas idéias e pensamentos serão fascinantes. O fato de você também ter uma imaginação viva e criativa pode ajudá-lo a estabelecer novas e interessantes pontes, ligando seu conhecimento a novos padrões, o que implica novos entendimentos, percepções e direções.

Em suas relações pessoais, você tende a ser sincero e direto e, além de esperar o mesmo dos outros, dificilmente esquece quem parece viver com padrões mais baixos e é menos honesto com você. A confiança e a honestidade são muito importantes para você, que as exige em qualquer relacionamento. Basicamente, você se sente interiormente seguro, e sua estabilidade pode ser usada como apoio pelos outros em tempos difíceis. Você tem a capacidade de misturar-se naturalmente com uma grande variedade de pessoas, e valoriza essa amplitude de contatos, já que ela serve para aumentar seu estoque de informações. Em geral você consegue lidar com seus recursos pessoais de forma eficaz, e não deve ter dificuldade em atingir um padrão de vida razoável.

Talvez você precise estar alerta para a tendência a acreditar que suas crenças, opiniões e conhecimentos estão sempre certos. Afinal, ninguém está, e você pode ficar cego a isso, pois é um comunicador eficaz e fluente, que pode dominar uma platéia. Tende a basear seus argumentos em fatos que parecem indiscutíveis, mas deve estar consciente de que no mundo de hoje, com freqüência, existem fatos que contradizem seus argumentos. Como na expressão pessoal, especialmente de opiniões e crenças, deve-se deixar espaço para permitir mudanças e alterações, deve-se estar pronto para reconhecer outros pontos de vista e ser menos dogmático e obcecado pela necessidade pessoal de estar sempre com a razão.

Trígono Mercúrio-Plutão

A energia gerada pelo trígono pode ser muitas vezes "rarefeita" para ser usada totalmente, já que é muito sutil para ser corretamente compreendida e aplicada por muitas pessoas. Sua afinidade natural tende a ser com a ciência mais elevada e com a metafísica, onde a fronteira comum entre a mente e a realidade é explorada e entendida em termos de consciência e energia. Essa energia relaciona-se com um intelecto treinado trabalhando nas esferas da contemplação abstrata ou da conexão entre o momento intuitivo do "conhecimento" direto e o fundamento pela aplicação pragmática do intelecto.

No dia-a-dia, suas principais preocupações serão: desenvolver a capacidade de concentrar-se, melhorar o uso da mente e das formas de expressão. Se não conseguir se desenvolver nesses aspectos mais elevados, você terá de aplicar sua energia em preocupações mais mundanas, buscando canalizá-la através de firme concentração. De outra forma, essa energia pode alçar vôo e torná-lo um pouco irresponsável e mentalmente indisciplinado.

Porém, o desconhecido será fascinante. Você terá muita curiosidade em explorá-lo, mas assegure seu embasamento antes de começar. É provável que você seja inventivo em suas idéias, potencialmente muito criativo se tiver controle sobre sua mente, a fim de explorá-las completa e eficazmente. A energia de Mercúrio lhe dará habilidades de análise e investigação que podem ser vantajosas, mas você deve precaver-se contra a tendência a acreditar que sabe tudo.

Você gosta do desafio da competição e sempre tenciona ganhar. O fracasso leva-o a lamentar-se e a planejar o próximo movimento, e aqui a energia de Plutão implica manipulação para sabotar seus desafiantes. Mentalmente, você pode ter um traço maldoso que muitos não imaginam. Prefere participar e envolver-se totalmente nas coisas, precisa estar muito interessado para que o processo de absorção possa ocorrer. Se isso não acontecer, sua contribuição rapidamente se reduz a menos que zero, tornando-se até mesmo negativa à medida que você começa a procurar uma área nova e mais promissora para explorar. Você acha difícil permanecer motivado em tais situações.

Em suas relações pessoais, você pode ser um pouco autoritário, especialmente se acreditar que percebe nitidamente o "certo e o errado", e pode tornar-se rígido em suas atitudes. É capaz de penetrar além das aparências sociais das pessoas, de perceber suas verdadeiras atitudes e motivos. Isso guia a sua vida, desconfiando de alguns e trabalhando com outros cujo potencial verdadeiro você consegue estimular. Isso pode levá-lo a coordenar grupos onde a energia serve para estimular um novo pensamento e abrir o grupo para novos *insights* ou novas formas de aplicar na prática idéias contemporâneas. Você pode ser mentalmente absorvido demais consigo mesmo e pode lhe faltar o senso de consciência social e de responsabilidade que a energia de Plutão amplia na maioria das pessoas que responde a esse lado mais brilhante.

Seu parceiro ideal deve ter basicamente a mesma atitude e mentalidade que você, porque suas qualidades energéticas não se misturam facilmente com visões opostas e conflitantes. Se você se relacionar com uma pessoa com visões diferentes, muito tempo será gasto no confronto direto, geralmente levando a relação ao colapso. Você deseja colocar muita energia num relacionamento positivo, mas também terá muita expectativa quanto ao parceiro. Escolher com sabedoria é a solução, através da percepção de sua própria natureza e do conhecimento do que é compatível com ela.

Quadratura Mercúrio-Plutão

A quadratura pode dar-lhe um temperamento e expressão duros, onde seu estilo direto e claro pode criar conflitos com os outros. Mesmo que você prefira ter a imagem de uma pessoa capaz de lidar com a "situação real", tende a lhe faltar sensibilidade para possíveis reações aos seus fortes e penetrantes *insights*. Você raramente "envolve-os" em pacotes socialmente aceitáveis para consumo, e geralmente os oferece "crus".

Sua abordagem da vida tende a ser drástica, um pouco desconfiada dos motivos e intenções dos outros, preservando sua intimidade, e de tom basicamente pessimista. Seu comportamento muitas vezes é imprevisível e excêntrico, tornando difícil a convivência com os outros e encorajando-os a manter distância. Você fica pouco à vontade com o contato íntimo nas relações, levando bastante tempo para desenvolver o sentimento de confiança e relativo bem-estar com um parceiro. Há uma tendência a tentar manipular e moldar o parceiro ao seu ponto de vista, que é freqüentemente intolerante e fixo, deixando pouco espaço para a flexibilidade ou para que as mudanças ocorram naturalmente.

Às vezes, num esforço para satisfazer seu próprio desejo, você utiliza sua força de vontade para dominar os outros. Ocasionalmente, pode ter sucesso, mas também tende a aplicá-la de forma desproporcional e insensível, provocando mais dano aos seus objetivos e aos outros do que tencionava. Apesar de sua forma de expressão ser direta, você muitas vezes dedica muito tempo armando intrigas e esquemas, que também muitas vezes acabam por prejudicá-lo.

De muitas formas, você projeta seus próprios aspectos da sombra sobre os outros, desconfiando deles e ainda assim conspirando contra eles. É pouco provável que tenha uma capacidade especial para motivar os outros ou tornar-se o porta-voz de qualquer grupo, já que você é um solitário. Você é ambivalente quanto à autoridade, usando o poder e a autoridade que possui em casa ou no trabalho, mas é antiautoritário e não respeita os que estão em posição de poder, e detesta ficar sob o domínio dos outros.

Mentalmente, você precisa de mais autodisciplina e compreensão para fazer uso mais positivo de sua capacidade de *insight*. Em especial, a forma pela qual você se mostra aos outros deve ser moderada. Um maior controle sobre seus pensamentos e suas palavras pode ajudar a evitar controvérsias e conflitos desnecessários, além de um redirecionamento de seus poderes para dentro, para que possa observar sua projeção das características negativas da sombra sobre os outros quando essas qualidades deveriam estar sendo transformadas internamente e a energia liberada de forma criativa e positiva. Potencialmente, você tem o tipo de mente capaz de absorver uma variedade de visões opostas, chegar a uma nova síntese dos valores essenciais ocultos em cada uma delas e expressar um ponto de união ou base comum da qual o diálogo pode surgir a fim de solucionar as aparentes divisões. Esse talento pode ser muito eficaz e importante se forem feitas as mudanças interiores necessárias para o redirecionamento de sua vida. Você poderá viver uma fase temporária na qual adotará um ponto de vista ou crença que está sendo foco de sua atenção no momento, o que pelo menos revela flexibilidade e potencial de mudança. É possível dissolver barreiras, e o potencial para a mudança em seu estilo de vida e nas suas relações é o principal desafio que Plutão lhe coloca.

Oposição Mercúrio-Plutão

A energia da oposição cria uma considerável pressão e tensão interiores, mental e emocionalmente, fazendo com que seja difícil lidar com ela de forma construtiva. É necessária uma mudança interior considerável para que essa energia se mantenha sob o controle da personalidade integrada.

Devido à agitação interior e à ansiedade, sua percepção do mundo e sua resposta sentimental aos fatos serão fortemente influenciadas por sua atividade. Isso não implica necessariamente que sua interpretação esteja errada, mas que a experiência desses fatos o afetará mais do que à maioria das pessoas, as quais talvez tenham maior senso de proporção que você. Basicamente, o tom de seu *insight* será pessimista e depressivo. Você verá o mundo como um lugar onde a desordem, a dor e os problemas se multiplicam rapidamente. Os problemas sociais são tomados como pessoais e reais, mesmo que suas próprias circunstâncias não façam com que você tenha contato pessoal com eles. Sua sensibilidade (ou receptividade interior) leva-o a ver o mundo em crise, fazendo com que você se sinta responsável por seus problemas e oferecendo poucas saídas, a não ser que você se envolva com tentativas de melhorar as coisas. É um "mandato de consciência social longo e doloroso". Para você, é frustrante que, mesmo sendo eficiente, ainda há muito trabalho a fazer no mundo. Você deve aceitar o fato de que não é possível mudar tudo e que seu papel é dar sua contribuição individual, e não a de todos.

Essa impaciência na vida cria uma vibração correspondente, que se expressa como uma inflexibilidade ao relacionar-se com os outros. A contradição é que, apesar de você tentar melhorar a vida e trazer harmonia às relações das pessoas, muitas vezes cria a reação oposta a seu objetivo. Um estilo interrogador ao falar cria distância, e sob a pressão de sua "missão", freqüentemente perde de vista a relação de cooperação. Você precisa aprender a ser mais condescendente e moderado, dando igual atenção às necessidades e aos sentimentos de seus colaboradores e parceiros. Obtenha uma perspectiva mais verdadeira do tempo e da morosidade da mudança no mundo para ajudá-lo a moderar sua impaciência em transformá-lo. É um trabalho longo e vagaroso contra a inércia e a resistência, mesmo daqueles que você acredita estar ajudando.

Você tem ideais elevados, porém, muitas vezes falta autoconfiança em sua habilidade em expressá-los ou em viver à altura desses ideais.

Geralmente, ninguém consegue viver à altura de ideais elevados. Por isso, relaxe um pouco, crie uma certa distância entre você e essa obsessão interior e dedique mais tempo para internalizar essa energia para transformar-se. O que você é se revèste da mais alta importância, e, ao integrar seu ideal, você será a demonstração viva de seu objetivo, e mais eficaz.

Esse sentimento de inter-relação com o mundo é uma tensão difícil de conviver, um senso de responsabilidade e direção ao qual você foi "chamado", a fim de ajudar a aliviar a carga do mundo. Primeiro, você deve aliviar sua própria carga, o que melhorará muito a qualidade de sua vida e trará clareza e perspectiva às coisas.

ASPECTOS VÊNUS-PLUTÃO

Conjunção Vênus-Plutão

Suas relações pessoais mais íntimas serão extremamente importantes na sua vida, criando uma esfera de experiências que pode levá-lo tanto às alturas como às profundezas da intensidade emocional, e serão o foco das energias de transformação que influenciarão sua direção de vida.

Você busca o "caso físico-emocional definitivo", um envolvimento emocional apaixonado e único com o parceiro ideal, e esse desejo terá um papel proeminente na escolha do parceiro. Infelizmente, o que você busca é uma ilusão e não uma realidade, uma figura de sonho, projetada de sua própria psique, que você busca no mundo objetivo — as imagens da *anima* e do *animus* da psicologia junguiana. Como a vida real tem por hábito destruir ilusões, muitas vezes você será frustrado em suas relações, o que pode levá-lo a experimentar uma série de parceiros, nenhum dos quais parece se adequar à sua imagem interior de "perfeição".

Emocionalmente, você é difícil de satisfazer, já que tende a acreditar que há sempre uma intensidade maior e que a experiência o iludiu até agora, mas que estará ao seu alcance se encontrar o parceiro certo. Inevitavelmente, sua vida emocional será cheia de altos e baixos, e é provável que você rompa relações promissoras ou permita que se desgastem negando seu comprometimento, pois você já está armando a rede para um parceiro mais adequado. Isso pode ser difícil para quem esteja emocionalmente ligado a você, já que você tende a vacilar entre o fogo, paixão e intensidade, e o gelo, distância e desinteresse, quando seu parceiro demonstra seu lado humano mais frágil. Para você, apenas "deus ou deusa" servem!

O fato é que você está externando seu parceiro interior ideal. É necessário dar-se conta de que deve evocar essas qualidades de dentro de sua própria natureza, tornar-se mais completo e auto-suficiente em vez de querer que o outro tenha a responsabilidade de expressar essas qualidades e sirva-lhe de apoio. Você deve reabsorver sua própria projeção.

Pare de esperar que o outro esteja à altura de seu ideal e aprenda a incorporá-lo em você. É um passo na direção do estado de androginia interior, em que o macho físico integra sua *anima*, aceitando "qualidades femininas tradicionais", como sensibilidade, intuição, nutrição e cuidado dos outros, e a mulher física integra seu *animus*, liberando qualidades de ação, intelecto e agressividade que enriquecem sua vida. O nascimento de um equilíbrio interior.

Até você começar a fazer progresso nessa necessidade psicológica interior, é provável que continue achando que suas relações são insatisfatórias, sentindo que pode haver mais em algum lugar. Você precisa mudar para deixar que suas relações tenham a chance de funcionar, precisa aceitar a verdadeira natureza das pessoas — suas fraquezas e seus pontos fortes — , aprender a amar as pessoas de carne e osso. Potencialmente, sua intensidade amorosa pode estimular uma substancial transformação em si mesmo e nos outros, agindo como um catalisador de cura e desenvolvimento. O processo de renascimento em sua vida virá pelas emoções, mas prepare-se primeiro para sofrer a "morte do coração".

Sua vitalidade e energia podem dar-lhe temperamento e habilidades artísticas, aliados a um estilo dramático de auto-expressão. As pessoas raramente respondem a você de forma indiferente, sendo fortemente atraídas por sua chama ou repelidas, pois a intensidade é demasiada para elas. A transformação pode auxiliar a regeneração, provavelmente pela reorientação de seu excesso de energia vital emocional para uma causa espiritual ou social, oferecendo igual intensidade a partir de um equilíbrio interior estabilizado.

Sextil Vênus-Plutão

É mais fácil conviver com o sextil do que com a conjunção ou as difíceis quadratura e oposição. O equilíbrio interior é encontrado mais facilmente, e há uma avaliação e compreensão mais realistas da natureza do amor e das relações humanas.

Seus sentimentos e emoções serão intensos, mas poderão ser absorvidos na integração pessoal em vez de dominarem compulsivamente sua vida. Isso significa que você será capaz de ter alguma perspectiva dos padrões de sua vida emocional, de observar seu ciclo rítmico e de aplicar o bom senso, a lógica e a racionalidade para moderar qualquer tendência obsessiva que surgir desse nível.

Compreender é a solução, e você tem um *insight* do poder potencialmente transformador e benéfico do amor na vida humana. Ter uma relação íntima bem-sucedida é prioritário para você, embora seja cauteloso na escolha dos parceiros. Você precisa de um parceiro que seja capaz de desenvolver-se junto com você, à medida que a relação amadurece e muda ao longo do tempo, na qual há amor e respeito de um pelo outro, interesses mútuos ou compatíveis e em que ambos se beneficiam da companhia do outro. Tal parceria dará objetivo e significado na vida, talvez um objetivo de vida comum, nutrido por um alto grau de verdadeira comunicação e compreensão. Seus ideais são elevados e possíveis na vida real. A chave do sucesso está na escolha mútua certa, que pode vir por meio de uma série de eventos que implicam que a parceria está "destinada" a acontecer. Sentida desta forma, a relação terá força e comprometimento em períodos nos quais a mudança mútua e pessoal é necessária para que a relação progrida e se aprofunde ao longo dos anos.

A sexualidade será importante para você, porém não será compulsiva. Você a verá como um aspecto natural e prazeroso da vida adulta, e provavelmente se sentirá à vontade na expressão física de amor e afeição. O talento para a arte ou para a música está ao menos latente, e se você desenvolvê-lo poderá descobrir que tem uma habilidade criativa e original.

Trígono Vênus-Plutão

O trígono traz indicações semelhantes ao sextil, onde a possibilidade de transformação pessoal provavelmente ocorrerá por meio de experiências emocionais elevadas e intensas.

Você é otimista, tem fé em que tudo vai dar certo no fim. Essa crença na generosidade da vida pode ser "contagiosa", e você poderá sentir-se atraído a compartilhar com os outros sua filosofia de vida, para que possam ver como a confiança, a fé e o amor enriquecem e guiam a vida. Você acha que valores elevados são essenciais nas relações interpessoais, e tenta incorporá-los em sua própria vida. Acredita que a base de uma parceria — além do amor e do afeto — está em qualidades de comprometimento, honestidade, integridade, responsabilidade nas obrigações mútuas e em permitir a cada um o espaço para expressão de sua natureza individual para continuar a desenvolver sua personalidade. Geralmente, você acha que a vida dos outros poderia melhorar muito se fizessem certos ajustes em suas atitudes, e provavelmente você está certo. Entretanto, talvez tenha que evitar uma tendência para interferir nas opções que os outros fazem. Eles devem encontrar seu próprio caminho, apesar de você poder ajudá-los nisso, talvez encorajando-os a analisarem a si mesmos e a suas opções.

Você deve ter um senso da direção de vida, um caminho significativo que mais tarde percebe ser inevitável. Igualmente, sua vida amorosa pode parecer predestinada, e você pode achar que estava esperando que aquele parceiro em especial entrasse na sua vida, não tendo se sentido bem nas relações anteriores nem tendo sido capaz de comprometer-se totalmente. Talvez encontre o parceiro certo no sentido tradicional do "amor à primeira vista", um sentimento intuitivo de "coisa certa".

Seja óbvio ou não, sua vida será dirigida e influenciada por suas emoções. Suas opções serão sempre condicionadas por suas respostas emocionais às pessoas e às situações, apesar de você mascarar suas reações emocionais por meio de racionalizações intelectuais ou pela lógica. Felizmente, suas opções tendem a ser certas, ao contrário das opções feitas pelos que têm Vênus e Plutão em quadratura ou oposição, onde seguir os impulsos emocionais leva a muitas frustrações e dificuldades. Talvez algumas das mais elevadas qualidades estejam latentes e só serão estimuladas na atividade consciente por meio da ação transformadora do amor em você. Encontrar seu "destinado" parceiro pode ser o estímulo para esse processo. Isso não implica necessariamente que a relação vá ser bem-sucedida e sobreviver, mas pode indicar uma crise e um ponto crítico em sua vida centrada em suas emoções, que, seja qual for o resultado, levarão a maior compreensão e mudança interior.

Quadratura Vênus-Plutão

Plutão introduz um elemento de destino em seus casos amorosos, que provavelmente serão fonte de problemas em sua vida. Suas intensas emoções tendem a ditar a natureza de suas opções, e você poderá sofrer dificuldades por ser incapaz de controlar seus desejos e paixões. Esses poderão envolvê-lo em relações basicamente inadequadas, que servem para estimular aspectos de seu caráter que não beneficiam você ou seu parceiro. Levadas ao extremo, tais relações podem tornar-se mutuamente destrutivas e desgastantes ou podem degenerar em enfraquecimento de caráter.

As condições sociais e materiais tendem a influenciar sua satisfação, e é provável que você se sinta atraído pelos que parecem oferecer dinheiro, posses e *status*, além da relação pessoal. Em parte, isso ocorre por sua necessidade de segurança, e pode ser um fator decisivo em seus romances ou casamento. Inversamente, inebriado pela paixão, você pode sentir-se comprometido com alguém que não possua nenhum desses "trunfos", e essa falta poderá eventualmente ter um efeito negativo na relação.

Provavelmente, você é muito egocêntrico na relação, tomando avidamente e dando pouco, e ainda assim achando que não está vivendo os picos de intensidade emocional e sexual que você imagina que existam. Isso cria um sentimento de frustração ao longo do tempo, que dissipa grande parte de sua capacidade de aproveitar a relação e faz com que você comece um processo de retirada mental, emocional e física de seu comprometimento e responsabilidade.

Um dos conflitos pode ser a busca de seus desejos ou necessidades. Você pode precisar de mais tempo para decidir o que são realmente essas *necessidades*, ao serem comparadas aos *desejos*, que são menos essenciais ao seu bem-estar. A experiência deve mostrar-lhe que geralmente tudo tem um preço e que a satisfação das verdadeiras necessidades tende a trazer menos aspectos negativos do que a compulsão em satisfazer os desejos. Pode-se imaginar um número infinito de desejos, mas em geral apenas um punhado de necessidades precisa ser satisfeito para que possamos gozar a vida. Você escolhe para onde dirige sua energia. A busca de desejos muitas vezes encoraja-o a manipular os outros na tentativa de dominação pessoal.

São prováveis as crises associadas a relações e emoções, oferecendo a possibilidade de transformação e compreensão das energias do amor, da emoção e do sexo, o que pode romper a preocupação com você mesmo, tornando-o capaz de dar e comprometer-se mais com seu parceiro, evitar os perigos de uma relação negativa e ter um controle mais consciente sobre seus fortes desejos e impulsos. Uma forma de canalizar essa energia é a expressão artística, e você poderá descobrir que tem algum talento para isso, que pode estar latente. Você deve evitar tendências a ter casos amorosos secretos, que, apesar de alimentarem o fogo da paixão, estimulam suas características mais negativas: não ser sempre confiável e não cumprir sempre com suas obrigações.

Oposição Vênus-Plutão

Os aspectos difíceis da quadratura e da oposição invariavelmente mostram a face escura da energia distorcida de Plutão e precisam de considerável transformação e compreensão pessoal para mitigar o impacto potencialmente negativo sobre a vida. É importante lembrar que a influência do confronto com o lado escuro da psique é positiva e criativamente benéfica se usada para reorientar a vida interior — esse é o objetivo oculto dos impulsos de Plutão.

É provável que você tenha um padrão repetitivo no amor sexual e casos emocionais que não parecem satisfazê-lo ou que terminam em fracasso, amargura e sofrimento. Isso pode levar a uma atitude cínica, negativa, baseada numa visão de amor frustrada, desmoralizada e emocionalmente ferida.

Sua intensidade emocional e sua paixão provavelmente lhe trarão dificuldades, já que muitas vezes parecem escapar de seu controle, levando-o a situações e aventuras que, de uma perspectiva mais clara, poderiam ser consideradas indesejáveis. Certamente, você está buscando alguma coisa, mas seus desejos sexuais e emocionais podem ser muito fortes, criando distorções da energia interior e levando-o a um comportamento compulsivo, seguido de uma justificativa do tipo "Eu não consegui me controlar...". Você se sentirá impelido a ter várias relações de forma contínua ou, como reação, tentar evitar qualquer envolvimento emocional por ter medo de reviver velhos padrões.

Os problemas em suas relações íntimas podem surgir devido à sua tendência para introduzir o elemento de dominação. Você tende a exigir que tudo seja do seu jeito ou a assumir um papel dominador, às vezes em contextos emocionais e sexuais, de forma sutil ou óbvia. Mesmo que você assuma um papel submisso, é apenas uma forma velada de manipular e atingir seus objetivos por um caminho sutil; não é sua abordagem natural. Geralmente, você quer que os parceiros mudem para se adaptarem a você, podendo pressioná-los muito, sexual e emocionalmente.

Você precisa aprender a necessidade da concessão mútua nas relações, compreender seus desejos e impulsos interiores ocultos que condicionam e controlam você das profundezas de seu inconsciente. Pode ser conveniente estudar psicologia humanista ou tomar parte num curso ou terapia que ensine a liberar de forma segura os impulsos ocultos à luz da percepção consciente. Tais impulsos e fantasias interiores estão presentes em certo grau em todos nós, mas, com a oposição, estimulam problemas que podem ser resolvidos se você quiser enfrentá-los num ato de reintegração pessoal e transformação. Isso também servirá para equilibrar seu fluxo inconstante de desejos emocionais, que muitas vezes parece confundir você e seu parceiro, pois você vacila em suas respostas. Isso ocorre quando seus impulsos interiores se manifestam e caem num ritmo oculto, levando a necessidades e intensidade sexuais e emocionais incontroláveis, ou a uma ausência de resposta e frieza.

A escolha é sempre sua; potencialmente, você pode diminuir muitas das dificuldades que costumam acontecer nas suas relações ou pode continuar esperando que desapareçam quando quiserem. Plutão influencia você a adotar a abordagem positiva, mostrando-lhe os resultados de ficar à mercê das forças interiores e ignorar suas advertências.

ASPECTOS MARTE-PLUTÃO

Conjunção Marte-Plutão

Esse aspecto deve fornecer-lhe grande energia física e vitalidade que podem ser aplicadas em tarefas que requerem persistência, determinação e paciência. Você é capaz de dirigir grande força de vontade para realizar seus objetivos, e sua vitalidade inata, quando bem orientada, será o meio para dirigir sua vida.

A energia pode tender a ampliar tendências egocêntricas, estimulando seu desejo e estabelecendo objetivos que virão primariamente em seu próprio benefício e satisfação. Talvez você goste de criar desafios para si mesmo, para testar a eficácia de seus "poderes". Se você permitir que essa energia determine suas escolhas, poderá ser dominado por uma insaciável compulsão de desejos que raramente é satisfeita. Isso pode refletir uma certa ingenuidade ou inocência em seus valores, essencialmente egoísta e adolescente. A síndrome do "eu quero" deve ser moderada conscientemente para que você readquira o controle.

Muitas vezes você prefere afirmar sua individualidade, mesmo como uma expressão compulsiva, a despeito da reação dos outros. Nem sempre você reflete o suficiente ou pensa nas possíveis implicações de suas ações e palavras antes de comprometer-se. Obviamente isso pode criar dificuldades para você. É como o comportamento de um adolescente, que, como a maioria dos pais descobre, pode causar muito atrito familiar.

Você detesta que lhe sejam impostas restrições, tendo sempre necessidade da maior liberdade possível. Se sentir que sua energia está aprisionada, busca uma saída, sentindo que poderá explodir. Para minimizar esse desconforto, você deve tentar desenvolver sua vida de forma que suas opções de parceiro e trabalho sejam compatíveis com suas necessidades, mesmo que seja apenas para evitar atritos desnecessários.

Em suas relações íntimas, você pode ser muito determinado e agressivo. A energia de Plutão tende a torná-lo muito possessivo e exigente com o parceiro, tentando dominá-lo através de sua expressão sexual. As experiências sexuais serão muito significativas e você tentará liberar grande parte de seu vigor físico de forma intensa e potencialmente transformadora. Você deve obter maior controle sobre esse aspecto, evitar que se torne obsessivo ou muito extremo e violento na abordagem ou no tom.

À medida que você amadurecer, descobrirá um crescente interesse e conscientização das questões sociais, o que pode ser um canal produtivo para expressar sua vitalidade e seus talentos. Você poderá ser muito útil para encorajar os outros a usarem suas posições de poder e influência em benefício social, e sua habilidade de resolver situações conflitantes pela força de vontade pode ser criativamente positiva.

Sextil Marte-Plutão

Você espera honestidade e lealdade ao lidar com as pessoas, preferindo ouvir a verdade em vez de ser confundido por evasivas, insinuações ou manipulação psicológica. A confiabilidade é uma de suas qualidades mais valiosas. Você é sensível aos motivos dos outros, e, apesar de não ter ilusões quanto à natureza da raça humana, tende a dar muita importância ao princípio da verdade, porém mantendo sempre certa desconfiança. Você não consegue sempre viver à altura de seus ideais, mas pelo menos tenta!

Sua mente tende a ser analítica e dedutiva. Além disso, você é articulado e persuasivo — mesmo que somente pela força com que expressa suas opiniões, argumentos e crenças — e sua apresentação dramática influencia os ouvintes a seu favor, pessoalmente e para apoiar sua posição.

Seu nível de vitalidade física deve ser alto, e você pode ser atraído a explorar seu corpo ou a desenvolvê-lo em termos de atividade e cultura física. Você tem uma visão mais saudável e positiva do sexo do que

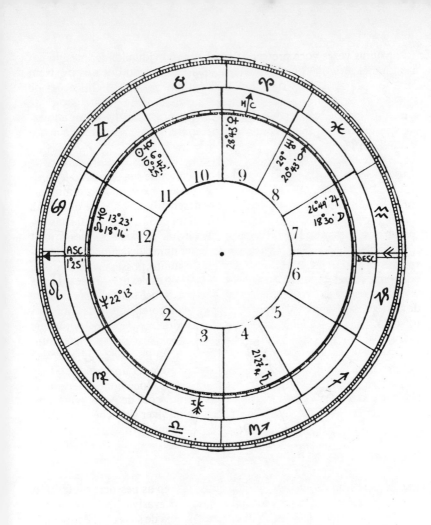

Marilyn Monroe
Atriz, "estrela" arquetípica
Plutão em trígono com Marte
Plutão natal na casa 12.

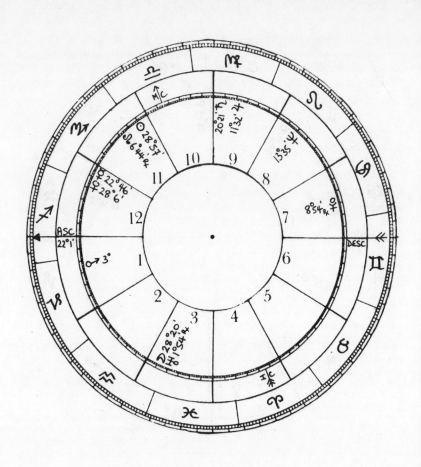

Timothy Leary
Visionário, futurista
Supremo sacerdote do LSD nos anos 60
Plutão em sextil com Júpiter
        em oposição com Marte
        em trígono com Urano
Plutão natal na casa 7.

as pessoas com Marte em oposição ou quadratura com Plutão. Vê o sexo em termos essencialmente naturais, sem as compulsões interiores que complicam e distorcem a liberação da energia.

Geralmente, os outros conhecem sua posição, já que você não tem vergonha de revelar seus pontos de vista e de expressá-los clara e diretamente, e espera o mesmo dos outros. Se as pessoas tendem a expressar-se de forma menos direta, e se mais tarde você descobrir que estavam mentindo, não perdoa. Mesmo que você guarde esse conhecimento, perderam sua confiança total.

Você precisa ser um pouco menos virtuoso a seus próprios olhos. Por sua expressão ser tão direta, intensa e relativamente clara, você pode começar a acreditar que sua visão está invariavelmente certa e prestar mais atenção aos seus próprios pronunciamentos do que à visão dos outros. O ponto de vista dos outros é tão válido quanto o seu, e deve ser ouvido, porque diferentes percepções podem ajudar a expandir sua própria compreensão, corrigir mal-entendidos e melhorar o diálogo e o contato. Pode haver muitos caminhos para o topo da montanha, e mesmo do pico há muitas vistas para o vale.

Pode haver uma tendência a pensar e falar sobre coisas em sua vida sem fazê-las na realidade, quase como se esse nível de envolvimento fosse suficiente e satisfatório. É provável que você possa manifestar seus objetivos de modo mais claro, baseá-los na realidade do cotidiano e permitir que os outros respondam a eles e os compartilhem.

Trígono Marte-Plutão

A energia e as qualidades liberadas pelo trígono podem ser muito benéficas e socialmente construtivas. De muitas formas, você vai achar que esse aspecto não é complicado nem difícil de conviver.

Você terá facilidade para aplicar sua potente força de vontade para assegurar o sucesso de qualquer objetivo que tenha claramente decidido atingir e que seja realista. É provável que ao longo do tempo observe que, quando preciso, a autodisciplina necessária para orientar sua vontade na direção escolhida também estimule uma mudança interior, através da qual suas qualidades e talentos parecem misturar-se ou se reequilibrar segundo as necessidades de seus objetivos. Isso pode ser muito útil para a regeneração da vida interior, a fim de refletir um padrão de harmonia interna em que as energias e tendências conflitantes não mais competem pela expressão e desviam sua atenção de seu propósito. Entretanto, esse processo deve ocorrer apenas em fases em que você precisa estar suficientemente concentrado para dar um passo decisivo, e não deve ser encorajado a continuar, pois pode resultar em repressão de aspectos de sua personalidade, empurrando-os para o inconsciente. Considere esse processo como um "aperto seletivo" temporário, necessário por um breve período, e depois permita o relaxamento e a liberação desses aspectos temporariamente reprimidos em sua personalidade.

Você tende a ter *insight* das pessoas e situações, e possuir capacidade de análise direta e realista. Prefere dar espaço para que os outros sejam eles mesmos, sendo muito tolerante com a maioria das pessoas — se não causarem dano deliberado ou tirarem vantagem dos outros. Além disso, você tem um claro senso de inter-relação com a sociedade, sente que tem uma responsabilidade natural de usar suas energias de forma socialmente construtiva. Tem prazer especial em tentar resolver problemas sociais envolvendo-se em grupos de pressão que indicam direções que crêem ser socialmente benéficas. Você pode comprometer-se em apoiar causas nas quais acredita, dedicando tempo e energia e sendo leal a si mesmo e às suas convicções pessoais. O único ponto a ter em mente, com tal tendência, é a necessidade de uma contínua avaliação das convicções e de si mesmo, de determinar sua posição atual e de mudar e evoluir naturalmente, porque você se desenvolve através do tempo e da experiência de vida. A convicção não deve ser uma posição inquestionável, estática.

Quadratura Marte-Plutão

Com a energia liberada pela quadratura, você será motivado principalmente por tendências egocêntricas e uma necessidade de "jogar fora" o excesso de energia marciana. Você tende a pensar que o poder de sua energia natural é suficiente para obter sucesso e satisfação, e de fato, sua força e objetividade muitas vezes o são. Porém, usá-la dessa forma diminui com freqüência sua sensibilidade e percepção dos outros. A análise dos objetivos e o planejamento são muitas vezes ignorados sob a premência do impulso e do desejo, e a imprudência pode ignorar conseqüências futuras de suas ações, se você acreditar que seus desejos serão satisfeitos.

Você acha difícil motivar-se por longos períodos, assim como comprometer-se em atingir algo por meio de um cuidadoso planejamento. Tem problemas em disciplinar e direcionar sua força de vontade para esse fim, e está mais capacitado para usar sua energia num impulso mais imediato, espontâneo de auto-satisfação. Isso também ocorre em parte porque você sente um conflito ao direcionar sua vontade para atingir seus desejos e raramente sente estar usando seus talentos ao máximo.

Pode haver uma sensação de frustração interior causada pela natureza dominante dessa energia e pela falta de um canal adequado para direcioná-la de maneira construtiva. Isso criará impaciência, um temperamento potencialmente violento e agressividade sexual, em que você "joga fora" o excesso de energia através de uma personalidade ditatorial e exigente a fim de dominar os outros. Você precisa desenvolver o sexo mais em termos de relacionamento e parceria do que em termos de auto-satisfação, liberação de energia, dominação, exploração e agressividade.

Esse *estresse* interior é sintomático de energias conflitantes; não é algo que você tenha que suportar toda a vida, pode ser ajustado para ser mais harmonioso. Uma forma de começar essa reorientação é aprender como determinar a direção global de sua vida, ter uma visão mais ampla de sua influência social imediata e de como quer se relacionar com os outros. Para quebrar essa preocupação consigo é essencial apreciar e reconhecer as necessidades e os sentimentos dos outros, tão válidos quanto os seus: essa é a chave da transformação. Ao ter maior clareza quanto a seus objetivos pessoais, você poderá começar a aplicar sua força de vontade de forma consistente para atingi-los ao longo do tempo; os desejos de auto-satisfação imediata são irreais. Aprenda a viver em igualdade nas parcerias e relacionamentos; necessidades, desejos e responsabilidades, tudo precisa ser compartilhado mutuamente, em cooperação. Evite tendências à dominação e ao conflito pelo poder. Basicamente, você necessita de canais adequados para liberar sua energia, canais construtivos que melhorem sua vida e a dos outros. Você tende a dedicar grande parte do tempo e de sua energia opondo-se aos outros, em conflitos e agressão, em vez de trabalhar junto para o benefício do grupo; encontre formas de ser a favor de algo, e então aplique sua energia para que se torne real. Há muito mais satisfação nessa forma de realização do que em lutar para satisfazer um *self* que você tenta manter.

Oposição Marte-Plutão

A oposição reflete um conflito interior, uma luta entre seus desejos pessoais e uma possível contribuição à sociedade, luta representada pela oposição entre os desejos pessoais de Marte e a orientação mais social de Plutão. Você provavelmente precisa entender melhor a natureza do poder pessoal, sua aplicação certa para beneficiar o grupo, em vez de satisfazer desejos e objetivos puramente pessoais, especialmente porque você pode ter a tendência a tirar vantagem do poder e da influência do grupo para promover suas próprias ambições.

Sua natureza expressará uma vontade forte, que pode ser vista pelos outros como agressividade, fazendo com que evitem contato muito próximo. Na verdade, muitas vezes você parece não perceber seu efeito sobre as pessoas, e uma maior sensibilidade aos direitos e à realidade dos outros é uma qualidade que lhe faria bem desenvolver. Isso ajudaria a minimizar o efeito negativo que você teria sobre os outros, especialmente os mais próximos, que você freqüentemente tenta dominar. O controle num contexto íntimo o atrai, e é provável que você tenha uma natureza sexual intensa e poderosa, que às vezes pode levar a uma afinidade com formas de paixão e tendências sexuais potencialmente violentas. Você tende a ligar o sexo ao poder, como uma exaltação da força pessoal, o que pode estimular certos problemas, apesar de que alguns parceiros em potencial possam achar a pura sexualidade muito excitante e provocante. Isso, mais a manipulação psicológica, pode levar a relações tempestuosas. Seria mais sábio moderar e disciplinar sua liberação de energia pela conscientização de seu impacto sobre os outros. Você pode observar que o fluir de sua energia sexual pode ser errático e irregular, que suas paixões são muito "quentes" ou muito "frias", e que você é basicamente incapaz de regulá-las ou ligá-las segundo sua vontade.

Na sua vida no lar, você poderá ter problemas na esfera da administração financeira, dos conflitos de poder e no nível emocional nas relações. Você provavelmente acha que suas emoções são impulsionadas pela força da paixão e da energia sexual, e que você não tem um verdadeiro entendimento da natureza desses fatores, já que eles tendem a ser levados pelas marés. Talvez por isso você demonstre pouca consciência das emoções dos outros no cotidiano, uma vez que as suas estão freqüentemente suspensas num estado de repressão, como um rio bloqueado em seu leito natural por um dique. Se o nível emocional fosse liberado cuidadosa e constantemente de forma saudável, a energia de Plutão bloqueada operando nesse nível poderia ser libertada, e muitos de seus problemas começariam a se dissolver, levando a uma transformação pessoal. Isso ajustaria o nível de força e violência suprimida em você, fazendo-o lidar com seu poder mais positivamente. Levaria a uma percepção mais clara do *self* e dos outros, permitindo aos parceiros maior liberdade pessoal, por mútuo acordo e compromisso, em vez da imposição de sua vontade. Tal caminho também poderia desenvolver-se em maior envolvimento social, usando sua energia em canais positivos e criativos, percebendo que, se você não viver apenas para satisfazer seus desejos pessoais à custa dos outros, haverá potencial para que uma sociedade egocêntrica e violenta mude da exploração para a cooperação e benefício mútuo.

ASPECTOS JÚPITER-PLUTÃO

Conjunção Júpiter-Plutão

Esse é um aspecto favorável, que lhe dá a oportunidade de desenvolver seus talentos naturais com relativa facilidade, aplicando-os numa abordagem concentrada e determinada a fim de atingir suas ambições. Você possui a feliz capacidade de evocar uma resposta de seu "armazém interior" de dons e de criar um canal aberto que permita a manifestação desses dons num contexto objetivo. Os que estão próximos ou que trabalham com você diariamente podem inspirar-se nessa habilidade, e é provável que você demonstre certas qualidades de liderança.

Você aborda a vida com entusiasmo e vitalidade, colocando sua energia sinceramente na satisfação de seus objetivos e em sua necessidade de sucesso. Você parece achar que seu sucesso está garantido e, apesar de sentir-se impaciente ou temporariamente frustrado em seu propósito, tem autoconfiança e determinação demais para crer que pode fracassar. Certamente, as oportunidades existem, e seus dons interiores estão aí para ser ativamente expressos e explorados a fim de que você tenha sucesso.

Você pode expressar e explorar seus talentos em várias áreas potencialmente lucrativas, já que seus dons podem ser aplicados de várias formas. Isso pode significar que provavelmente você mudará de direção várias vezes em sua vida, possivelmente de forma radical, ou apenas para experimentar novas áreas. Talvez você não tenha um objetivo específico em mente — como a posição de gerente sênior de uma companhia — mas pode ser influenciado pelo "armazém interior" de talentos inatos na busca de novas direções, a fim de encontrar canais adequados para liberar os dons ainda latentes; você poderá inclusive ter problemas por causa dessa multiplicidade de escolhas disponíveis.

Idealmente, você deve buscar uma forma de vida que realmente lhe ofereça uma variedade de canais de expressão, onde haja potencial de renovação dos desafios e de exigência de crescimento pessoal. É provável que trabalhar com as pessoas o atraia, e as relações interpessoais podem ser uma esfera de constante criatividade e crescimento; muito pode ser compartilhado e transmitido, criando e mantendo relações humanas positivas no trabalho.

Numa relação íntima, você deve assegurar que se desenvolva igualdade, construindo um equilíbrio, já que você tem a tendência freqüente de fazer o papel de líder. O desenvolvimento de cada parceiro é importante, e as necessidades e habilidades de seu parceiro devem ser claramente reconhecidas e valorizadas, um ajudando o outro a realizar os potenciais ocultos. A mudança na relação e em seu parceiro deve surgir fácil e naturalmente; nunca tente forçar o processo, pois a evolução natural é mais segura, especialmente porque, na realidade, você não entende o processo interior e a experiência/percepção de vida do outro.

O melhor uso de suas habilidades será beneficiar os outros de alguma forma. Apesar da probabilidade de Plutão "colaborar" com você usando essa energia para o sucesso pessoal, se você tentar aplicá-la na exploração de outros tornando-se obcecado com auto-satisfação e desejos, verá que Plutão será subversivo e sabotará seus propósitos. Plutão estimulará o fracasso como resultado natural de sua própria forma distorcida de expressão, provocando, portanto, sua própria queda, pois ele faz com que você perceba a necessidade de transformação.

Sextil Júpiter-Plutão

O sextil dá um "giro maior da espiral" à energia liberada, o que ampliará suas faculdades mentais e intuitivas. Você terá uma perspectiva otimista e positiva da vida, beneficiando a si mesmo e aos outros através da exploração de ideais elevados, filosofias ou religiões. Essa é a direção progressista, como forma de autoconhecimento e desenvolvimento, e como um meio eventual de expressão de seus *insights* e compreensão do mundo para uso alheio.

Existe potencial para que você sirva de canal espiritual e transmissor de energias, se garantir que seu trabalho será em prol da humanidade. Plutão apoiará qualquer esforço que você faça para comunicar uma visão unificada ao mundo, ampliando a eficácia de sua influência. Essa real eficácia será determinada por sua capacidade de servir generosamente, tanto como arauto de uma visão como por uma vida de apoio e cooperação com outros que buscam promover uma direção positiva para a humanidade. Não há nenhuma fascinação em tal tarefa.

Você tem uma mente penetrante e intuitiva, que lhe permite distinguir a realidade por trás da aparência pessoal, cultural e social. Há uma curiosidade que motiva e parece exigir satisfação, seja qual for a direção que tome. Seus ideais são elevados, talvez pouco realistas, mas mesmo assim são algo a aspirar para si e para o mundo. Você é automotivado e inspirado, tentando viver num elevado código moral (além do seu próprio) e tende a esperar um comportamento ético elevado dos que têm uma posição de autoridade e responsabilidade social; opõe-se à hipocrisia e à injustiça. Dará seu apoio àqueles que acha que foram tratados injusta e duramente pela sociedade e muitas vezes se associará a movimentos mundiais e sociais para iniciar mudanças. Seu senso de responsabilidade é altamente desenvolvido, e você sentirá um forte impulso interior de participar do trabalho de renascimento e regeneração do mundo. Qualquer relacionamento íntimo deve idealmente envolver alguém que tenha um modo similar de perceber e viver o mundo, e é bem possível que possam trabalhar juntos em projetos, compartilhando um ideal comum.

Trígono Júpiter-Plutão

Como o sextil, o trígono indica o potencial de liberação de uma poderosa energia criativa que surge de uma perspectiva espiritual e humanista, o que será positivo para você e para o mundo.

Seu otimismo inato e a crença de que a vida é essencialmente boa fará com que sua fé interior tenha real capacidade de manifestar sua visão criativa, especialmente porque você é capaz de canalizar sua vontade para formas construtivas de expressão.

Você poderá contribuir para a sociedade trabalhando junto às pessoas, e tem o dom de inspirar os outros a descobrirem como viver a vida de forma mais intensa e criativa e a liberar seus próprios talentos latentes. Isso pode envolvê-lo na expressão de um tipo de filosofia de vida que pode ser adotado por outros na busca da autocompreensão. Obviamente, tal influência deve ser tratada com cuidado por você, tanto na mudança da autopercepção como no que oferece aos outros ou compartilha com eles. Você deve assumir uma grande responsabilidade, quanto à forma como se apresenta, já que pode influenciar consideravelmente a vida dos outros, mostrando e aplicando a percepção a fim de assegurar a manutenção da integridade, de garantir que o "ensinamento" seja o mais honesto e válido possível, que haja liberdade para discordar ou para novos pensamentos, e que seja compreendido que "seu caminho" não é o único ou o mais apropriado para todos. Na realidade, mesmo a oposição direta pode ser a melhor para os outros se desenvolverem ou descobrirem novos *insights*, e pode servir-lhe como estímulo para reavaliar seu próprio caminho e atitudes.

Primariamente, você parece funcionar como um "educador", e é provável que seja um orador eficaz, expondo claramente suas convicções, ideais e atitudes e sendo muito persuasivo. Necessita de liberdade pessoal e detesta estar preso a padrões previsíveis de comportamento, porque sente que precisa estar relativamente livre para responder ao que considera serem *insights* e intuições. Você apóia a transformação social e manifestará a visão unificada como direção futura, oferecendo um significado e inspiração como objetivos. Pode achar que é necessária uma transformação pessoal antes de realizar seu papel e desempenhar sua função. Inicialmente, isso pode envolver consideráveis desafios a superar, ou envolver elementos em sua vida pessoal que levam a crises periódicas que eventualmente conduzirão à sabedoria e *insight* como resultado do sofrimento pessoal.

Quadratura Júpiter-Plutão

Isso indica que sua filosofia e suas atitudes pessoais condicionarão sua vida e, como tendem a ser fixas e dogmáticas, podem provocar conflito com os outros. Essa filosofia ou conjunto de convicções será criada por você mesmo ou tenderá a refletir dogmas religiosos mais antigos e tradicionais; é provável que ambos sejam antiquados para a vida contemporânea e o desenvolvimento social. Você expressará uma perspectiva única e individual ou será facilmente absorvido por uma estrutura tradicional.

Basicamente, é provável que você seja um opositor do mundo moderno, acreditando que ele está indo na direção errada, e terá o desejo de reformá-lo e às pessoas, para que se adaptem à sua visão de mundo. Há uma tendência à arrogância mental, uma certeza de que você está certo e os outros não, e é improvável que seja receptivo a crenças alternativas e novas idéias. Você será um expoente ativo de suas idéias, expressando-as com firmeza, contestando as convicções dos outros ou tentando convertê-los. Acha que tem uma missão a cumprir, e essa convicção lhe dá força interior para continuar. Se houver rejeição, você tende a não usar a experiência como meio de reavaliar suas crenças. Porém, interiormente, reafirma seu próprio senso de virtude. Apesar de parecer que seu sistema de crenças é fundado no intelecto, a verdade é que está profundamente enraizado em suas emoções. Você sente seu significado pessoal de forma intensa e, apesar de tentar contestar e persuadir os outros, mantém uma barreira contra as constatações deles. Você teme que, se sua estrutura de crença for rompida e começar a se despedaçar, sua coesão interior enquanto personalidade também se despedaçará, pois sua identidade está muito ligada às suas convicções pessoais.

Em certo grau, a maioria das pessoas está numa situação semelhante à sua, na qual a auto-identidade é definida pelas convicções, opiniões, atitudes, pensamentos, emoções e corpo. Ao defender suas convicções pessoais, você está defendendo a si mesmo. Talvez sua crença particular não seja religiosa, pode também ser política. Para muitos, uma convicção política firme funciona interiormente como um "deus" substituto.

O poder e a influência o atraem, como meio de convencer os outros e para confirmar a eficácia de suas próprias crenças por meio do sucesso pessoal. Você precisa conseguir uma forma de cooperar com as pessoas mais efetivamente em vez de tentar dominá-las. Com certeza, pode ser mais sábio permitir a fertilização cruzada entre você e o mundo a fim de dissolver a tendência ao fanatismo bitolado.

Oposição Júpiter-Plutão

É provável que você viva um conflito decorrente da tendência a ser autoritário e dominador com relação às crenças e às atitudes das pessoas. Apesar de muitas vezes você se opor aos valores, à ética social e à filosofia contemporânea, ao contestar as autoridades existentes pelo poder de suas próprias convicções, o que você quer é influenciar os outros a fim de que aceitem e sigam suas próprias visões, retirando-as de uma fonte de autoridade para colocá-las sob a sua. Isso se manifestará provavelmente nas esferas da política, da religião ou da filosofia.

Apesar de você achar que tem o "dever" de expressar sua própria percepção das coisas — o que está correto em termos de auto-expressão — é provável que existam motivações pessoais ocultas que refletem ambições pessoais de poder sobre as pessoas ou de acumulação financeira. Certamente, você vê sua forma de expressão assertiva como meio de elevar sua posição social, de tornar-se um líder autoritário no contexto que parece validar a exatidão de suas crenças. Você não é um seguidor natural, e pode ser difícil para você trabalhar como colaborador num grupo, a não ser que esteja planejando tornar-se o líder assim que possível.

É provável que seus objetivos sejam frustrados, em parte por causa da natureza de suas relações com as pessoas, que pode ser desarmônica devido à sua tendência à agressividade, que conflita com visões igualmente agressivas dos outros. Os que precisam seguir personalidades mais fortes poderão apoiá-lo, se você tiver sucesso, mas é pouco provável que você os respeite, e pode facilmente tentar explorá-los. Às vezes você reluta em extrair lições de seus erros, pois é obcecado pela crença em sua própria infalibilidade.

Você tende a esperar muito da vida, quase como se isso lhe fosse devido e não um resultado de seus próprios esforços, e poderá ter problemas em batalhar por seus objetivos. Poderá culpar as pessoas ou circunstâncias misteriosas por seu fracasso, em vez de avaliar sua própria contribuição e seu caráter. Você tem uma atitude ambivalente quanto à responsabilidade, tentando chegar a posições de responsabilidade, mas ao mesmo tempo relutando em exercê-la. Isso ocorre porque você quer permanecer livre para ser espontâneo, capaz de mover-se em qualquer direção e responder a qualquer desejo que se apresente, sem avaliar que influência possa ter sobre os outros no futuro. Esse lado indisciplinado pode levar a um comportamento imprevisível e inconstante, especialmente quando você reage contra as tensões e pressões que surgem dos problemas que prefere ignorar ou dos quais prefere fugir, em vez de enfrentá-los determinado a resolvê-los de forma satisfatória. Isso se aplica principalmente às relações íntimas, cujas dificuldades básicas você tende a evitar, em vez de enfrentar.

Grande parte de sua direção resulta de uma tentativa de fugir da necessidade de uma reorientação interior, na qual suas energias são usadas para transformá-lo, em vez de tentar impor-se aos outros. Dirigir-se para o exterior aumentará a frustração, pois essa atitude é solapada pela energia de Plutão. Até que você comece a olhar para dentro, para seus próprios motivos, tendências e necessidades, é improvável que o mundo exterior se curve à sua vontade. Deve ser desenvolvida a cooperação, e não a oposição, além da vontade de ouvir as pessoas e de trabalhar com elas sem razões manipulativas nos empreendimentos de grupo. Esforços nesse sentido ajudarão a liberar sua energia por canais mais harmônicos, e a dissolver as barreiras que esse aspecto cria em você e com os outros.

ASPECTOS SATURNO-PLUTÃO

Conjunção Saturno-Plutão

Saturno implica restrições e limitações que servem como uma barreira para o progresso, até que certas mudanças sejam feitas ou certas lições sejam aprendidas. Quando associado a Plutão, o caminho em frente é condicionado pela necessidade de uma transformação interior. Com esse aspecto, é provável que você sofra certa frustração para atingir seus objetivos, ou uma sensação de bloqueios invisíveis que você precisa descobrir a fim de ultrapassá-los ou dissolvê-los pela compreensão.

Como você tem uma natureza bastante ambiciosa, precisará fazer uso de todos os recursos disponíveis, aplicando o conhecimento e a experiência acumulados num esforço determinado e persistente para obter sucesso. A paciência será uma qualidade essencial a ser desenvolvida, uma vez que é pouco provável que você obtenha sucesso rápido e imediato em seus objetivos. Geralmente, você deve esperar e passar pela experiência da frustração e de não saber se seus objetivos serão alcançados. Essa fase pode ser difícil e transformadora, principalmente porque é provável que se repita periodicamente em sua vida.

Você será atraído pelo poder e pelo *status*, mas pode ser que, em vez de chegar a uma posição na qual "possua" esses atributos, seja necessário obter uma nova perspectiva pessoal e compreensão da influência no mundo, em vez de demonstrá-la você mesmo. Dependerá muito de sua capacidade para aplicar seus talentos e recursos de forma prática. Potencialmente, suas idéias e métodos podem ter um impacto significativo no mundo e em seu ambiente imediato, especialmente se trabalhar em uma estrutura e sistema social estabelecidos. Isso ocorre porque você se sente naturalmente em sintonia com as organizações existentes, preferindo as atitudes e abordagens tradicionais como reflexo de "estabilidade e princípios". Muitas vezes você resiste em aceitar novas tendências ou mudanças sociais, porque desconfia delas, preferindo seguir o caminho estabelecido, a não ser que o impulso para a mudança surja naturalmente dentro de você. Mesmo assim, é provável que tente resistir e bloquear seu movimento como uma reação a seu efeito desestabilizador. Sua natureza e percepção de vida serão conservadoras, respeitando tradições e atitudes sociais consensuais e desconfiando dos que precisam testar e desafiar as posturas estabelecidas.

É improvável que a natureza socialmente subversiva de Plutão seja evidente, pois tende a ser ocultada por Saturno. Entretanto, pode irromper em sua vida interior e pessoal, provocando um colapso em suas "seguras fundações", forçando-o a reavaliar a si mesmo e à sua vida. Porém, um impacto radical é pouco provável, a não ser que você seja capaz de suportar a possível transformação catártica, pois Saturno manterá sua estrutura interna a fim de impedir esse impacto.

Você será uma pessoa solitária, de natureza reservada e séria, não revelará abertamente seus pensamentos e principalmente suas emoções, as quais tentará evitar e manter firmemente guardadas numa "gaveta trancada". Emoções implicam flutuação e mudança, o que não se adequa à sua perspectiva de vida e percepção do *self*; fazem com que você se sinta desconfortável. Uma abordagem mais saudável das emoções deve ser encorajada, pois evita repressão de energia no nível emocional. Do contrário, Plutão usará esse caminho para fazer sentir sua presença.

Nas relações íntimas, você será um parceiro seguro e confiável. Buscará uma abordagem tradicional no casamento e no compromisso mútuo, por isso deve escolher com sabedoria. Não será excessivamente carinhoso ou emocional — na superfície — mas deve evitar a tendência de fixar a relação em laços limitantes. Permita que haja espaço para mudança e evolução. Lembre-se de que o parceiro é um indivíduo único, com um potencial para se desenvolver. Portanto, dê-lhe a liberdade necessária e também encoraje o processo. Segurança numa situação de "camisa-de-força" é uma situação falsa e contrária ao crescimento e ao desenvolvimento. Assim, apesar de sua tendência nessa direção, é mais sábio aceitar a mudança e a imprevisibilidade para que as energias fluam de forma saudável.

Sextil Saturno-Plutão

Você deve ter a capacidade de organizar, controlar e concentrar sua força de vontade para atingir suas ambições. Assim como os que têm a conjunção, você age como um "mágico" que transmite suas energias e influência ocultas através de estruturas estabelecidas. O propósito de tais impulsos será variado: construtivo, destrutivo ou preservativo em seu impacto e aparência iniciais. Um impacto de Plutão por meio de Saturno pode parecer muito negativo e destrutivo a princípio, pois pode despedaçar as fundações existentes, mas seu propósito é o renascimento e a regeneração, quebrando velhas limitações ultrapassadas para criar espaço para que surja uma nova direção.

Você precisa aprender como aplicar essa energia de forma prática, talvez por autodisciplina e pela percepção clara da forma como vai usá-la. Necessitará avaliar seus objetivos cuidadosamente, planejando e ajustando sua abordagem segundo os pontos fortes e fracos.

O sucesso é muito importante para você, material e psicologicamente, e você tentará tornar-se bem-sucedido na esfera de vida que escolher. Certo grau de frustração é inevitável, mas sua tendência é acreditar que com perseverança e uma auto-avaliação realista será capaz de chegar ao sucesso, eventualmente. Você acha que a experiência é o melhor professor e que usar essa experiência para crescer é um sinal de inteligência. Isso envolve aprender e compreender as lições da vida assim que possível, para evitar dolorosas repetições. Você pode ser intolerante com os que aprendem devagar ou insistem em repetir sempre os mesmos erros, prejudicando a própria vida. Ter responsabilidade pela própria vida é importante para você, e compreende o papel crucial da opção, sabendo que a vida é determinada pela natureza das escolhas feitas, sejam triviais ou importantes. Opções inadequadas invariavelmente trazem mais sofrimento para você e para os outros, e muitas vezes poderiam ser evitadas ao se pensar melhor sobre as decisões.

O sentimento de segurança é importante para você, refletindo os conhecidos limites de Saturno, mas você tem mais noção da necessidade de mudança e é menos inclinado a resistir do que aqueles que têm conjunção Saturno-Plutão. Emocionalmente, você aceita sua mutabilidade interior com maior naturalidade, e por isso não corre o risco de que a emoção reprimida irrompa em uma incontrolável destruição de suas relações.

Trígono Saturno-Plutão

Assim como o sextil, esse aspecto indica que você terá uma boa capacidade de organização, concentrando sua força de vontade para fazer uso máximo de seus talentos e recursos, se tiver definido seus propósitos à luz de seu verdadeiro potencial.

O conceito de um manipulador de energias, ou mago, é evidente, e você usará naturalmente energias sutis para ajudá-lo a atingir o que deseja. Isso poderá ser aplicado conscientemente, com deliberação, ou como uma projeção psicológica inconsciente ou emanação. Essa habilidade pode ser desenvolvida por autotreinamento, e é provável que você seja atraído pelo ocultismo, astrologia, magia, ioga e ciência — áreas adequadas para investigar as energias sutis pela experiência pessoal. Você pode ter a sensação de que existe um objetivo oculto em sua vida, visto como um destino. Esse caminho desenvolve-se naturalmente em você, e ao mesmo tempo você sente que ele o leva ao desconhecido.

Pode ser que esse caminho significativo tenha o efeito de estimular uma mudança e uma transformação essenciais na sua vida e na dos outros, que seja um "chamado" da dimensão transpessoal de Plutão.

Você é capaz de agir com sabedoria em posições de liderança ou administração, e deve ser capaz de obter cooperação dos outros por sua sensibilidade aos sentimentos deles e receptividade às suas idéias. Basicamente, valoriza as pessoas e tem respeito por elas, e usa seus poderes de persuasão não para abusar da confiança ou tirar vantagem dos outros, mas para desenvolver uma harmonia construtiva.

Você aceita a inevitabilidade da mudança na vida, principalmente nas esferas sociais, e poderá usar seus talentos na transformação social. Entretanto, não aceita tão bem a mudança nas relações íntimas, já que prefere que as coisas se mantenham no mesmo padrão se estiverem satisfatoriamente estabelecidas. Pode sentir-se inclinado a usar suas "forças sutis" para proteger e restringir essa relação. Apesar de essas forças terem um efeito protetor, você deve lembrar-se da necessidade de crescimento e desenvolvimento pessoal e de que é preferível uma atmosfera de liberdade mútua. Se souber escolher seu parceiro, há potencial para uma relação razoavelmente estável, na qual ambos podem desenvolver sua potencialidade por muitos anos.

Quadratura Saturno-Plutão

Com esse aspecto, é provável que você se sinta restringido por limites sociais e ambientais e que a influência da sociedade em que vive tenha um forte impacto em sua vida, parecendo muitas vezes negativo.

A frustração parece ser inevitável, e você pode achar que carrega a "carga do mundo" nas costas. Sente responsabilidade pessoal por alguns dos problemas da sociedade. Isso poderá manifestar-se no trabalho nas áreas problemáticas ou mesmo em um senso de sintonia interior com os sofrimentos do mundo. Há uma ligação entre seu desenvolvimento e seu crescimento pessoal e as lutas da humanidade. Essa ligação pode ser sentida ou interpretada de forma peculiarmente masoquista ou usada como desculpa para o fracasso pessoal.

Parte dessa tendência pode ter surgido do condicionamento na infância e da relação com os pais, possivelmente devido a um ambiente pobre ou falta de contato satisfatório e significativo com eles e com a família. Isso pode levar a um padrão de desapontamentos pessoais e falta de confiança na vida e no mundo, marcando-o emocionalmente e fazendo-o sentir-se inseguro, sem confiança em suas próprias habilidades e talentos. Você pode sentir-se injustiçado e ter inveja dos outros, que parecem gozar a vida e ter sucesso. Pode haver ressentimento e uma corrosiva amargura interior, que afetará sua atitude básica.

Quando você faz mais esforço para atingir seus objetivos, sente muitas vezes que está sendo estranhamente bloqueado pelos fatos, pessoas e circunstâncias que surgem para frustrar, desviar e deter suas tentativas. Mesmo que não pareça, é provavel que isso seja resultado de suas projeções interiores no mundo, que por suas próprias atitudes derrotistas e por medo do sucesso você provoque uma reação de oposição do mundo. Poderá, assim, criar seu próprio fracasso sem perceber conscientemente.

Você tende a buscar *status*, poder e a oportunidade de influenciar a vida das pessoas, da mesma forma que acha que sua vida é afetada por desconhecidos sem nome, que tomam decisões socialmente influentes. Há um elemento de querer dominar, possivelmente para "retomar o que lhe pertence", culpando os outros por qualquer problema que venha a ter.

Para transformar esse padrão opressivo de limitação, você deve alterar radicalmente sua visão do mundo e de si mesmo. A energia de Plutão deve ajudá-lo nessa tarefa, e o primeiro passo é retirar todas as projeções que você está colocando no mundo e reconhecer aqueles que colocam a culpa do fracasso no meio. Você deve aceitar a responsabilidade por sua própria vida, decisões e opções e começar a controlar, em vez de ser um agente passivo e frustrado.

Muitos transcenderam difíceis limites de ambiente com determinação e força de vontade, conseguindo romper barreiras e criando uma vida satisfatória. Você não precisa ser uma exceção a essa possibilidade: a solução está em sua psique. Mude, observe os padrões repetitivos de desculpas e falta de comprometimento em ser bem-sucedido, e supere-as pela disciplina e força de vontade. Você é a "barreira misteriosa" que se opõe a seus esforços; liberte-se da negatividade na qual se apóia e verá que um novo mundo se abrirá para você, onde poderá progredir, um mundo no qual mais luz pode penetrar e iluminar a escuridão. Lembre-se: é sua própria escolha refazer sua vida.

Oposição Saturno-Plutão

Como os que têm a quadratura, você pode achar que foi misteriosamente penalizado pela pobreza de seu ambiente, social ou parental, real ou imaginária. Você nunca teve um "berço de ouro" e tende a ficar amargamente ressentido com aqueles que não tiverem de enfrentar o mesmo problema.

A oposição é freqüentemente associada a temas de opressão e violência, física e psicológica, e à tendência a ser vítima de tais formas de negativismo humano por parte de outros. Seja qual for a razão, você se sente uma vítima de perseguição, e isso pode influenciar sua percepção das pessoas e do mundo, provavelmente fazendo com que fique na defensiva e seja agressivo em relação aos outros como forma de defesa.

É provável que sua facilidade de expressão e criatividade sejam bloqueadas e que você não queira revelar muito de si para os outros, caso queiram tirar vantagem de você e porque, de qualquer forma, você não tem autoconfiança e estabilidade interior. Emocionalmente, você pode ser muito instável, talvez reprimindo grande parte de seus sentimentos por terem esses sido feridos anteriormente. Isso faz com que você tente criar uma vida de previsibilidade e estabilidade como contraponto aos sentimentos de transitoriedade emocional e vulnerabilidade. Certamente você resiste à mudança, principalmente nas relações, pois confia nos que estão mais próximos para obter uma sensação de segurança e, por causa desse medo, reprime o movimento interior ou a mudança exterior até chegarem a um ponto crítico, onde a "explosão libertadora" é a única saída da energia bloqueada.

Como na quadratura, você precisa iniciar um processo de mudança interior, transformar as atitudes restritivas e a auto-imagem que funciona como um fator frustrante em sua vida. De alguma forma, você deve desenvolver mais autoconfiança e sentir-se seguro o suficiente para lidar com suas emoções e seus sentimentos, permitir que fertilizem e molhem essas estéreis terras interiores. Por essa abordagem, Plutão poderá atuar fazendo com que você renasça, praticamente ressuscite dentre os mortos, dando-lhe a oportunidade de gozar a vida com maior plenitude. Sua vida interior não está fixa numa pedra imutável, pois a possibilidade de mudança é constante para todos. Inicialmente, pode ser difícil dissolver essas barreiras estabelecidas há tanto tempo, mas isso pode ocorrer, permitindo que uma nova pessoa nasça em você e preencha seu potencial oculto: esse é o pote de ouro esperando que você o venha reclamar como herança.

Aspectos Urano-Plutão

Conjunção Urano-Plutão

Os aspectos de Urano com Plutão tendem a ser orientados para o social e para a geração, e as qualidades, tendências e atitudes associadas a eles são as que dão um tom diferenciado à sociedade durante o período de duração do aspecto. A conjunção é muito rara, tendo ocorrido pela última vez no século passado, por volta de 1848, período de revolução na Europa e que se repetiu no período de 1963-68, época de grande inquietação civil e mudança social na Europa e na América.

A influência desses poderosos planetas transpessoais geralmente é radical e de longo alcance. O impacto determina a direção do desenvolvimento e da integração do século seguinte e requer um longo período até que a sociedade assimile a natureza da mudança que ocorreu. Nesse sentido a influência é mundial, e o período no qual o aspecto da conjunção ocorre deve ser cuidadosamente analisado para se perceber o impulso essencial dessa energia e as tendências emergentes de desenvolvimento da sociedade nos séculos seguintes.

Com a liberação cósmica periódica dessas poderosas energias, a reação humana é variada e freqüentemente polarizada em sua resposta. Elas revelam a fronteira comum entre a vida individual e a vida coletiva de uma sociedade. É como se uma nova e irresistível voz surgisse, revelando uma nova visão de vida para a sociedade absorver. Certos indivíduos respondem entusiasticamente a esse novo canto da sereia, assumem a "nova forma" e começam a agrupar-se para se tornarem uma minoria influente em sua própria sociedade. Refletem então as novas idéias, multiplicam-nas na sociedade, agem como arautos da mudança. Uma reação mais ampla à "nova forma" é freqüentemente lenta, além da inevitável reação contra a nova tendência, e muitas vezes a sociedade tenta usar o poder das estruturas estabelecidas para resistir a um impulso aparentemente ameaçador.

A influência da conjunção é iniciar uma nova fase de mudança social. O aspecto formado em 1963-68 trouxe um espírito revolucionário, exaltando as virtudes dos direitos e da liberdade do indivíduo, estimulando a necessidade de transformação da estrutura social existente, a superação de atitudes sociais e nacionais limitantes e antiquadas, assim como de padrões de pensamento arraigados.

Para aqueles que estavam — e ainda estão — sintonizados e receptivos a essa energia visionária, há um sentimento pessoal de envolvimento no vasto processo evolucionário que ocorre na Terra, um sentimento de que sua vida individual está intimamente ligada a um grande plano que se manifesta lentamente, e que suas vidas são guiadas por uma consciência maior. São participantes de um drama planetário. Como um grupo mundial reunido em uma única resposta, formam um canal coletivo para que uma nova abordagem social seja estabelecida na vida e na consciência humana. Alguns refletem isso de forma mais inconsciente, outros procuram manifestar essa obscura energia por meio da meditação consciente, rituais ocultos etc.

O importante para esse grupo é o respeito à vida, em todas as suas formas, desde a vida humana até a de animais e plantas, todas as manifestações da natureza e da abundante criatividade da Terra. A vida é considerada "sagrada", deve ser admirada, respeitada, amada e protegida. É uma postura básica que deseja que todos tenham a melhor qualidade de vida possível alicerçada numa relação cuidadosa e equilibrada com o ambiente e o mundo natural, onde a sociedade humana, em vez de ser um explorador perigoso dos dons da natureza, transforma-se para viver em harmonia. Individualmente, há a necessidade de desenvolver-se como um ser único, livre para viver e expressar-se da forma mais individual possível, com base na coexistência pacífica e cooperativa, de aprender a desdobrar a potencialidade inata cuidando para não violar os direitos dos outros.

Observando a situação mundial nestes vinte anos após a conjunção Urano-Plutão, as atitudes tomadas no mundo nessa época ainda servem como direção social, e muitos grupos de pressão se têm formado para favorecer esse processo. O próximo século necessitará de maior desenvolvimento em benefício da humanidade.

Sextil Urano-Plutão

O sextil ocorreu em meio à Segunda Guerra Mundial, e pode-se considerar que a natureza da energia liberada no período 1942-1946 foi positiva para as Forças Aliadas naquela época, pois estimulou a coesão e o comprometimento na luta contra o opressivo regime nazista.

Se verdadeiramente aplicadas no mundo, as tendências associadas ao sextil Urano-Plutão ajudariam a trazer progresso social e clareza ao governo e às instituições de representação pública. Invocam a voz natural do povo para que fale contra a hipocrisia e a injustiça social, resista ao abuso de poder e de influências ditatoriais que emanam de um governo central, e que exponha a corrupção sempre que ocorrer. Esse aspecto incorpora a dicotomia entre o indivíduo e o Estado, onde o Estado deve refletir a vontade democrática do povo e ser o servidor eleito do povo. Porém, na vida real, o Estado se torna uma entidade independente, dominada por blocos de poder e partidos políticos influentes, que se considera superior ao povo e muitas vezes ignora seus desejos. A elite política freqüentemente despreza o povo em geral, acreditando que tem a máquina e o poder de manipular a consciência social segundo sua vontade, e invariavelmente deseja que a democracia saia de seu caminho.

Infelizmente, a análise da apatia do povo e a habilidade da elite para manipular atitudes sociais geralmente está correta e serve como uma barreira reacionária ao progresso social. Entretanto, uma tendência desse aspecto é esperar e insistir na alta qualidade da liderança governamental. Através desta, os que têm posição de autoridade e influência social devem expressar os ideais, os princípios e os valores mais elevados da sociedade que representam. Se não o fizerem, devem ser substituídos. Uma mudança nessa direção, presumindo-se que essas pessoas estejam disponíveis, pode estimular uma importante modificação na sociedade; é um pré-requisito para que a nova visão chegue ao futuro. Preservar e expandir a liberdade no mundo é uma luta contínua, tanto no Ocidente como no Oriente, porque muitos a querem destruída por razões egocêntricas.

Durante a guerra, foram dignos de nota o rápido desenvolvimento do Projeto Manhattan e a criação da bomba atômica, na qual a inesperada qualidade uraniana do "relâmpago" é demonstrada em intuições e *insights* científicos na criação da tecnologia e na demonstração física de seu efeito. Plutão mostra sua face social negativa nesse aspecto, erguendo a espada de Dâmocles sobre o mundo, desafiando-nos com a escolha entre duas formas de transformação, negativa ou positiva, destruição coletiva ou mudança coletiva unificadora. O caminho depende, obviamente, do ativismo ou da apatia pública, a qualidade da liderança social e a natureza da postura condicionante, separatista ou unificadora; e o círculo gira para nos confrontar com as tendências associadas ao sextil, tendências que ainda nos estão desafiando.

Trígono Urano-Plutão

O trígono ocorreu durante os anos 20 e estimulou um impulso em direção à mudança internacional, um desejo de reformar as estruturas sociais e políticas. O reconhecimento dessa necessidade é demonstrado na instabilidade e no colapso econômico na América e na Alemanha, na depressão britânica e na criação de um novo regime comunista na Rússia. Além disso, novas abordagens políticas surgiram, como o fascismo, o nacional-socialismo, o comunismo — todas baseadas em "novos" ideais e ideologias, embora muitas vezes demonstrando uma perspectiva que tendia a causar conflitos internacionais, apesar dos avanços sociais em seus países.

A mudança estava no ar. Muitos respondiam a esse efeito estonteante tentando utilizar as energias recentemente liberadas. Havia um sentimento de busca e experimentação durante uma época de crise e transição, poucas coisas pareciam claras e definidas e tudo parecia parte de um cadinho internacional, cujos produtos poderiam definir a direção do futuro.

Havia uma nova avidez para libertar-se do passado, uma abertura para todas as idéias e experiências novas. Alguns abraçaram a renovação com entusiasmo, mas, à medida que as estruturas sociais e culturais começaram a se dissolver e perder sua influência, essas mudanças foram consideradas perturbadoras por outros, sentindo que o chão se movia rápido demais, e sentiram-se inseguros. Os que estavam sob a influência do trígono achavam que a maré da história se movia com eles e que nenhum obstáculo poderia impedi-los por muito tempo. Os padrões tradicionais eram considerados ultrapassados e restritivos, buscavam algo novo através do qual pudessem descobrir alguma forma de objetivo pessoal e, com entusiasmo emocional, reuniram-se para apoiar as novas filosofias políticas emergentes, que pareciam incorporar o novo mundo.

O trígono Urano-Plutão agiu como um canal de energia para estimular características nacionais e para dissolver o poder da tradição e do passado. Sacudiu o mundo, e no início, como observamos hoje, teve um impacto destrutivo, porém necessário, a fim de limpar o caminho para o surgimento de uma influência mais construtiva. Deu impulso ao desenvolvimento científico e intelectual no Ocidente, mas estimulou um nível emocional relativamente imaturo na sociedade, que encontrava segurança tornando-se parte do apoio emocional de massa aos demagogos carismáticos que surgiram à frente do cenário político. De certa forma, os efeitos do trígono são inversamente proporcionais ao aspecto anterior de oposição, que ocorreu na virada do século, 1900-1903, quase como se a "virada do parafuso" criasse mais confusão e conflito social no período das guerras mundiais. Com certeza, as mudanças que ocorreram neste século foram profundas e extensas, rápida seqüência de crises que se desenvolvem em todos os aspectos da vida, levando a um clímax de época.

Quadratura Urano-Plutão

A influência da quadratura foi estimular a mudança social "destrutiva" através de fronteiras internacionais, intensificar todas as características nacionalistas latentes que estavam chegando à superfície dos grupos nacionalistas, até que a única forma de expressar e liberar as tensões intrínsecas fosse com um conflito mundial.

A quadratura ocorreu entre 1931 e 1934, fase de rápida metamorfose em países importantes como a Alemanha e a Itália. Esses foram dois exemplos claros do impacto da energia Urano-Plutão, em que tendências nacionalistas e atitudes elitistas foram elevadas a objetivo nacional manipulado por grupos ditatoriais na tentativa de obter poder e beneficiar o Estado introduzindo novos conceitos políticos. O complexo de poder e a necessidade de dominar da energia não regenerada de Plutão são demonstrados pela necessidade de expandir seu controle e influência sobre outras nações menos poderosas pela violência brutal e pela força.

A instabilidade econômica mundial ajudou a criar espaço para que agitadores políticos radicais e revolucionários chegassem a posições de poder, alimentando a energia da vontade (Plutão) para construir uma nova sociedade aparentemente atraente. Em muitos casos, esse desejo básico de criar novas estruturas sociais era genuíno naqueles cujos motivos e ideais eram socialmente benéficos. Entretanto, estes perderam suas posições de responsabilidade para outros, cujas intenções eram mais confusas e que eram levados por sua receptividade às poderosas energias colocadas no mundo, que serviam para superestimular aspectos de suas personalidades não integradas.

O coletivo que respondia aos ideais fascistas e nazistas estava gerando e refletindo a energia arrebatadora, especialmente pela mente do grupo. Podia ser observada nos grandes comícios de massa, emocionais e evocativos, semelhantes a certos rituais mágicos. Havia duas formas principais de reação à mudança social que estava ocorrendo. Uma era colaborar com ela, ficando excitado e emocionado por ser um participante ativo de uma ressurreição nacional. A outra era ficar apático e passivo, permitindo que tudo acontecesse à sua volta, sentindo-se inseguro e incapaz de ter qualquer influência, mesmo discordando do grupo dominante.

O mais importante nessa quadratura foi o estímulo da mente nacionalista inconsciente e das emoções por Plutão, que rejeitou a mente intelectual mais idealista de Urano. Todas essas tendências reprimidas surgiram na perspectiva física, em atitudes de superioridade, de frustração nacional, de eliminação violenta e sádica das "raças inferiores". Junto com o poder de agressão violenta, essas tendências foram integradas na expressão da nova sociedade e a liberdade ignorada pelo opressor. A face negra da energia de Plutão aplicada incorretamente estava pronta a ser liberada no mundo.

Oposição Urano-Plutão

Na época da oposição, de 1900 a 1903, o sistema social e a estrutura de classes tradicional no Ocidente estavam no seu apogeu, consideradas culturalmente avançados e invulneráveis à erosão dos "subversivos". Isso não significa que não havia mudanças, mas a elite governante considerava-se segura. As monarquias pareciam ainda fortes em muitos países, as atitudes e divisões sociais eram claramente definidas e a exploração das colônias era a chave para a expansão econômica a baixo custo. A estrela do Império Britânico estava em seu zênite e muitos pensavam que tudo estava (relativamente) bem no mundo.

A sombra da oposição começou a aumentar, perturbando a calma e o *status quo*, e as suspeitas começaram a se aprofundar quanto aos primeiros movimentos do desenvolvimento de novos pensamentos culturais, políticos e sociais. Apesar de ainda demorar vários anos para surgir abertamente, esse foi seu período de gestação, anterior às crises da Primeira Guerra Mundial, à Revolução Russa e ao colapso econômico.

Os tremores subterrâneos dando nova forma ao mundo começaram a ser ouvidos por alguns na superfície, que sentiam como se estivessem sentados na cratera de um vulcão que se acreditava extinto. O ocultismo começou a atrair muitos no Ocidente, refletindo a necessidade de que as pessoas sofressem uma transmutação interior. Muitas das importantes personalidades ocultistas que deveriam ser centro de atenções durante os anos 20 — período do trígono —, tais como Alice Bailey, Steiner e Gurdjieff, estavam nas fases iniciais de suas experiências, fases de treinamento e iniciação. Como destaque, houve a publicação, em abril de 1904, do *Livro da Lei*, através de Aleister Crowley nos trabalhos de Cairo, através do qual *A Palavra do Novo Aeon* foi transmitida para a consciência mundial. Como se esse ensinamento oculto e a oposição Urano-Plutão estivessem anunciando a morte da velha ordem e o nascimento da nova.

As mudanças iniciadas nessa época, o começo de um novo século, o último deste milênio, ainda estão repercutindo hoje, muitas ainda não estão resolvidas ou foram transferidas a diferentes representantes dos conflitos nacionais. Ainda há necessidade de mais pessoas capazes de pensar por si mesmas, de pessoas menos dependentes das outras para tomar decisões, de reduzir o poder das figuras de autoridade individual e das elites e de compartilhar o poder e a responsabilidade entre os membros da sociedade.

À influência dos ideais uranianos se opôs a necessidade de um senso de segurança baseado na emoção, representado pelos padrões familiares e tradicionais. O conflito entre as influências dos dois planetas traz ruptura mundial. A influência de Plutão foi usada inicialmente para apoiar as velhas atitudes, mas é corretamente utilizada como meio de subverter o sistema, para que o novo possa nascer — processo que ainda estamos vivendo.

ASPECTOS NETUNO-PLUTÃO

Sextil Netuno-Plutão

Durante este século, há apenas um aspecto importante entre Netuno e Plutão, o sextil, e é interessante notar que começou no meio da Segunda Guerra Mundial, durante 1942. A influência dessa relação deveria ter um efeito global e sobre gerações, e, como todos os planetas transpessoais, seria a força diretiva que estimularia o desenvolvimento do processo evolucionário no tempo e no espaço.

Netuno atrairá uma exploração quase mística naqueles que lhe forem receptivos. Desde que o sextil começou, a ciência reagiu em duas direções distintas e complementares: esforços estão sendo feitos no desenvolvimento das viagens espaciais e da tecnologia de satélites, explorando o vasto universo exterior por radiotelescópios etc.; e a pesquisa complementar do espaço interior, investigando e testando os componentes da matéria, e a física quântica passou ao primeiro plano da investigação científica.

As tentativas de compreender a natureza do universo, sua composição e tamanho, a possível criação do universo e a teoria do *big-bang* refletem a tradicional forma ocidental de olhar para o exterior. Paralelo a essa tendência foi o nascimento de um movimento oposto entre as pessoas, o da auto-exploração, o caminho interior místico. Ocorre com o movimento "New Age", da psicologia junguiana/humanística, das técnicas ocultistas e do renascimento de atitudes mágicas perante a vida. Isso também envolve a implantação, no ocidente, de muitas atitudes e de grande parte do conhecimento das filosofias e religiões orientais, uma fusão dos dois hemisférios, uma potencial unificação de estruturas de crenças que reflitam o movimento científico numa física quântica orientada mais misticamente.

À medida que o universo exterior se amplia e o universo interior se torna uma misteriosa vastidão de espaço, o único ponto em que o exterior e o interior podem se reconciliar é no ser humano. Numa época na qual o imenso poder destrutivo da fissão do átomo pode ser usado para o suicídio ou genocídio racial, o velho preceito da escola dos Mistérios dos antigos é a chave do futuro: "Homem, conhece a ti mesmo".

As gerações nascidas depois de iniciado esse aspecto, assim como os aspirantes/iniciados nascidos antes, que respondem às vibrações mais elevadas dos planetas transpessoais e, portanto, intuem e respondem à sua influência, percebem as tendências básicas que emanam do sextil Netuno-Plutão. Essas tendências são melhorar a vida, ampliar os direitos e liberdades individuais, desenvolver a cooperação internacional e ir além da dominância materialista consumista no Ocidente. O reconhecimento de que pode haver maior qualidade de vida para a maioria das pessoas por um redirecionamento dos recursos — se houver vontade — pode levar a uma mudança radical.

As energias de transformação estão presentes e dependem muito de como as usamos, individual e coletivamente, para terem resultados negativos ou positivos. O desafio do livre-arbítrio é a natureza da opção e da decisão, que determina no presente a natureza do futuro.

PLUTÃO RETRÓGRADO

Plutão retrógrado tende a refletir a dificuldade humana comum de trabalhar criativa e positivamente com a energia de Plutão. É uma fase na qual a atenção consciente deve estar voltada para dentro, como uma ação preparatória a um grau maior de integração pessoal. Como foi dito anteriormente, a posição na casa representa as associações na vida que devem ser salientadas para um renascimento radical.

Para a maior parte da humanidade, essa energia poderosa, muito refinada, será sentida principalmente de forma inconsciente, provocando uma resposta automática que muitas vezes leva a resultados negativos devido à inabilidade para aceitar e usar essa energia de forma positiva.

A posição retrógrada indica um poder potencial de regeneração no inconsciente coletivo/pessoal, onde movimento direto indica a necessidade de atuar a partir desse aspecto regenerado do *self* em objetivos socialmente construtivos.

A essência do problema que se coloca para o indivíduo e para a humanidade é como absorver e integrar a elevada energia de Plutão de forma harmoniosa. Para a maioria das pessoas, isso é virtualmente impossível agora; para a minoria progressista, é sua responsabilidade funcionar como canais conscientes de resposta e ação, e os progressistas devem querer tomar o caminho de sacrifício e transformação em benefício dos outros.

Naqueles especialmente sensíveis à energia de Plutão e naqueles em cujos mapas o movimento é retrógrado, haverá uma sensibilidade interior para a vida planetária e para a dor e a luta da humanidade. É uma empatia, talvez obscuramente formulada, mas mesmo assim presente, associada à unidade da alma. Pode ser difícil lidar com essa energia, e a pressão de registrar um impacto da mente e das emoções do mundo pode ser extremamente perturbadora. Essa faculdade será a mais proeminente na humanidade à medida que o tempo passa, e indica o desenvolvimento no nível da consciência. Essa empatia estimula o desejo interior de "mudar o mundo", de dar fim ao sofrimento desnecessário que decorre principalmente de estados incorretos de auto-identificação.

O Plutão natal individual retrógrado tem a tarefa principal de curar-se a si mesmo, o renascimento pessoal, enquanto a pessoa com Plutão natal direto deve estar mais preocupada com a aplicação da energia do planeta na sociedade. O trânsito indica fases de "inspiração e expiração", períodos em que uma reorientação se faz necessária, antes de agir exteriormente ou para que ajustes ou avaliações interiores sejam mais produtivos no estágio de expiração.

PLUTÃO EXALTADO EM LEÃO

Tradicionalmente, Plutão está em exaltação em Leão e na casa 5, e lida com o conceito de energia concentrada sendo liberada pela vontade do indivíduo consciente. No corpo humano, Plutão é o precursor da capacidade de regeneração física e psicológica e do poder criativo da "semente". Para cumprir essa função, o planeta age como o regente de Escorpião, que está associado aos órgãos sexuais.

A regeneração e a criatividade da semente, nos níveis humanos físico, emocional, mental e espiritual, é o objetivo desse poder. Envolve a renovação da vida, formando uma nova vida para substituir as estruturas individuais e sociais que não são mais capazes de agüentar um processo regenerativo.

Isso está associado ao conceito de uma "semente do espírito" que busca sua liberação das profundezas desconhecidas da natureza humana. Está muitas vezes ligado à crença oriental dos centros de energia do corpo chamado sistema de *chakras*, que se abrem e são ativados à medida que a compreensão espiritual se expande. A representação mais comum desse sistema tem sete *chakras* importantes que devem ser despertados desde a base da coluna, através do centro sexual, plexo solar, coração, garganta, testa até a parte superior da cabeça. Ativar esses centros pela auto-exploração, meditação, rituais etc. pode elevar essa semente do *chakra* mais baixo até eventualmente a parte superior da cabeça. Cada passo no estímulo de cada centro tem efeitos correspondentes na consciência e na sensibilidade à vida, e instiga o desenvolvimento na integração essencial e totalidade do praticante. A elevação do fogo da *kundalini* através da coluna vertebral é o efeito dessa semente, e corresponde a uma crescente percepção de que "Deus é um fogo que consome".

A capacidade da humanidade de descobrir o segredo do poder oculto na natureza e em sua estrutura atômica, no período em que Plutão estava em Leão, é similar a essa "semente" oculta no indivíduo. A abertura da semente e a energia liberada podem ser sentidas como uma "explosão atômica interior", e refletem o fato de que o exterior é um imagem espelhada da realidade interior. É indiscutível que a fissão do átomo e o uso desse conhecimento científico criaram um período de transição de imensa dificuldade para a humanidade. Temos o poder da destruição do mundo na ponta dos dedos, porém, a habilidade de regenerar ou criar um novo mundo ainda é desconhecida. Certamente, não será conhecida por todos até que fique evidente que não usaremos o poder destrutivo. Parece que o homem responde inicialmente a energias elevadas de forma negativa, antes que uma dimensão mais positiva fique clara. Através de Leão e da casa 5, o caminho é resolver as polaridades dualistas básicas corpo e mente, e essa conquista inaugurará uma nova fase de verdadeira criatividade para o indivíduo e para a sociedade.

EXEMPLOS DE MAPAS NATAIS

Como dois exemplos da influência de uma energia de Plutão enfatizada no mapa natal, escolhi os dados relacionados com Margaret Thatcher e Karl Marx. Talvez pareça uma combinação estranha, mas seus mapas indicam a atividade oculta de Plutão, tendo vários aspectos importantes com esse planeta, além de temas associados com a posição de Plutão na casa. Recomenda-se que, ao ler os comentários a seguir, você observe o próprio mapa e as análises de casa e aspecto feitas anteriormente.

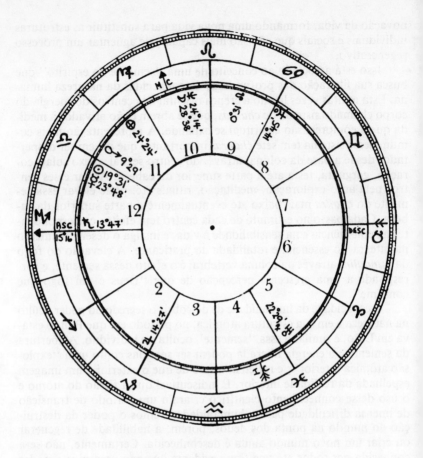

Margaret Thatcher
9am 13.10.1925
Grantham, Inglaterra
Plutão em quadratura com o Sol
    em quadratura com Marte
    em oposição com Júpiter
    em trígono com Saturno
    em trígono com Urano
    em trígono com o Ascendente
Plutão natal na casa 8.

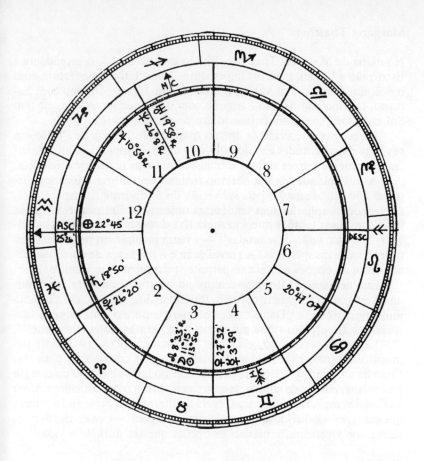

Karl Marx
1.30am (aprox.) 05.05.1818
Treves, Prússia
Plutão em sextil com Vênus
   em trígono com Marte
   em conjunção com Saturno
   em quadratura com Urano
   em quadratura com Netuno
Plutão natal na casa 2.

Margaret Thatcher

No mapa de Margaret Thatcher, Plutão está na casa 8, o ascendente é Escorpião e há seis aspectos importantes com Plutão: quadratura com o Sol, quadratura com Marte, oposição com Júpiter, trígono com Saturno, trígono com Urano e trígono com o ascendente. Assim, ela tem Sol em Libra com uma ênfase muito dominante em Plutão.

Parece-me que avaliá-la apenas quanto à influência de Plutão em sua vida e suas atitudes e estilo político é muito apropriado e interessante. Certamente parece refletir a imagem que seus opositores têm dela.

As dificuldades de um libriano tentando equilibrar a balança suspensa não são atenuadas pela subversão do ascendente Escorpião, e essas tensões ampliarão suas tendências obsessivas. Em sua tentativa de lidar com essas tensões interiores, ela fixa a mente num padrão imutável — "a dama não deve mudar" — e tenta esculpir em pedra suas atitudes fixas e insuperáveis. A reavaliação e a mudança de curso não estão entre as opções que ela se permite, pelo menos em público!

Sua necessidade de estar sempre no controle, autoritária e dominante emana da energia Escorpião/Plutão; assim, sua imagem é de uma mulher guerreira, a "Dama de Ferro". Isso lembra o tema esotérico associado a Escorpião: "Sou guerreiro, e da batalha sairei triunfante!".

Como ela mesma diz, ela é um "político convicto", segura de seu próprio caminho e da retidão de suas atitudes e conviccões; para ela, "não há alternativa". Prefere permanecer no lado obsessivo da energia plutoniana, em vez de alinhar-se com sua natureza transformadora. Uma análise dos aspectos e das casas revela as alternativas pessoais interiores que ela teve — é duvidoso que possa mudar agora — e os conflitos interiores que vivenciou, e mesmo as opções que fez durante a vida.

Karl Marx

Karl Marx foi um filósofo político mundialmente famoso, reconhecido por sua ideologia e suas teorias políticas, sociais e econômicas, base do desenvolvimento do pensamento comunista e socialista, que tem sido tão importante neste século.

Marx tem cinco aspectos importantes com Plutão em seu mapa: sextil com Vênus, trígono com Marte, conjunção com Saturno, quadratura com Urano e quadratura com Netuno. Seu Plutão natal está na casa 2 — usando Casas Iguais, casa 1 usando o sistema de Placidus.

Em sua vida pessoal, Marx era dependente da mulher, especialmente para o sustento econômico da família, pois ela era membro da rica família Engels. É muito provável que ele tenha sofrido certas doenças psicossomáticas criadas por repressão emocional, estimulada por sua obsessão pelo desenvolvimento de suas teorias político-econômicas e preocupação com o nível intelectual de atividade. Escreveu seu clássico *O Ca-*

pital, quando morava na Inglaterra, e de muitas maneiras esse livro foi uma reação à sociedade de classes inglesa da época.

É interessante observar que seu Plutão natal estava na casa do materialismo e dos recursos, e que sua própria luta pessoal pela sobrevivência econômica e posses materiais foi parte de seu próprio "obstáculo" (casa 2), que precisava ser resolvido. Essencialmente, grande parte de sua luta privada e obsessão foi absorvida em suas teorias e elevada ao nível universal, de sua interpretação do homem e da sociedade. Essa interpretação casava com uma percepção predominantemente materialista da humanidade, que considerava o homem submisso a um todo maior, o Estado. Marx tentou veicular o conceito de manejo de recursos em benefício dos outros e para atingir uma nova compreensão pessoal do materialismo em sua forma mais positiva — de acordo com seu Plutão na casa 2.

O trígono Marte-Plutão parece apropriado, e a conjunção com Saturno denota a repressão emocional que começou a desenvolver-se em sua vida à medida que suas idéias se tornaram mais obsessivas. Começaram a afetar a relação com sua mulher, que apesar de tudo ficou com ele e a família e continuou a apoiar seus esforços, o que implica que a parceria estava destinada a acontecer. A quadratura Urano-Plutão é principalmente considerada em termos de século, mas foi pela ideologia marxista que um ditador como Stalin foi capaz de expressar a energia dessa quadratura. A quadratura com Netuno associa o indivíduo ao destino coletivo e influencia a conscientização da necessidade de transformar estruturas inadequadas e padrões de pensamento em algo novo que incorpore objetivos futuros. Marx fez essa tentativa, apesar de ter-se limitado às suas preocupações e desafios pessoais. Isso afetou sua filosofia política em interesses e análises físicos e materialistas da natureza do homem coletivo. A influência de seus esforços expandiu-se além do tempo e das barreiras nacionais. Foi adotada, modificada e distorcida por aqueles que aceitam suas premissas — ou a quem foram impostas. Do ponto de vista humanista é muito limitante considerar o homem como uma criatura basicamente econômica. Porém, mais uma vez, a ênfase de Plutão é revelar os impulsos ocultos, os conflitos interiores num indivíduo, que, nesse caso, levaram à criação de uma filosofia política mundial que influencia a história e o destino do homem.

CAPÍTULO 5

Plutão na Casa Natal

A posição de Plutão na casa natal indica a esfera da vida na qual é encontrado um desafio pessoal, cristalizado, de considerável dificuldade e também onde o indivíduo pode fazer uma valiosa contribuição à sociedade. Pode haver duas formas distintas. Na primeira um efeito socialmente benéfico ocorre apenas como resultado de uma luta interior bem-sucedida com uma grande dificuldade pessoal. Na segunda no processo de conflito interior, como resultado dessa pressão, algum subproduto ou talento surge de dentro e é socialmente benéfico. Nesse caso, o verdadeiro problema não precisa sequer ser resolvido, e talvez não o seja por toda a vida. Ambas as formas envolvem um renascimento nessa área da vida, uma clara transformação, como parte de uma tentativa de mudar, e tem um resultado essencialmente positivo.

Dependendo do grau de autocompensação de uma pessoa, deve ser óbvio que algumas áreas de sua vida precisam ser modificadas a fim de melhorar a qualidade da experiência. Se for uma área na qual estão certas características da sombra, é possível que seja imposta uma "cegueira" psicológica e que essa pessoa não registre que talvez sua atitude ou forma de expressão social seja a fonte da maior parte de seus problemas. Se a posição de Plutão na casa natal é conhecida, pode ser a chave para abrir muitas portas interiores, pois sua influência certamente será forte e deverá ser explorada para descobrir qual direção o "obstáculo" revela e sugere que a energia consciente deva ser concentrada para liberar essa energia psíquica não expressa.

Para o indivíduo, essa experiência é invariavelmente dura. Muitas vezes parece ser um problema insolúvel, e, assim como os trânsitos de Plutão, parece durar para sempre. Todavia, não pode ser apagada da consciencia, tornando-se uma obsessão. Na verdade, é uma oportunidade que está construindo-se lentamente, mesmo que, de um ponto de vista perturbado, esse raramente pareça ser o caso. É como uma velha concha do passado ou atitudes ainda existentes que estão ultrapassadas, mas ainda possuem muito poder. Vagarosamente essa "concha" começa a inflar, exigindo que o *self* consciente a enfrente e lide com ela.

De certa forma, essa "concha" deve ser perfurada, liberando a energia aprisionada, frustrada, para que novas formas de expressão possam ser desenvolvidas no ímpeto da vitalidade liberada. Isso pode exigir um impulso de fé na direção que o indivíduo intui como correta, sem ter nenhuma prova objetiva real e de que seja a mais sábia. A vida pode virar de cabeça para baixo, criando uma crise ou ponto crucial, para que seja feita uma ruptura decisiva com o passado. Talvez o indivíduo apenas pare o que estava fazendo, diminuindo um ritmo de vida frenético de trabalho e socialização para rever exatamente o que estava fazendo com sua vida e para meditar se ela estava sendo satisfatória.

Para entender ou sentir a realidade de Plutão, tente sintonizar aquela área da vida associada com seu Plutão natal, e observe como parece ter uma influência que também permeia o resto de sua vida, uma parte profunda e pessoalmente significativa também sentida como vulnerável. Revise sua vida segundo essas associações e veja se as experiências e opções diretamente ligadas a essas associações têm relevância ou importância em sua vida em termos de sucesso e prazer — destino. Talvez estejam ligadas a uma "área problema" que você luta para resolver de alguma forma ou precisa modificar. Qualquer que seja a casa natal de Plutão, ou onde haja uma forte influência de Escorpião, é provável que você descubra um poderoso reservatório de energia que necessite ser conduzido cuidadosa e conscientemente a fim de obter sucesso; pode destruir sua vida ou ajudá-lo a reconstruí-la.

Quaisquer que sejam os resultados desse confronto, a chave para resolver o problema do "campo de batalha" está na posição de Plutão na casa natal. É bom lembrar que, para cumprir o propósito oculto de Plutão, a transformação individual também contribui para uma conscientização social mais abrangente e progressista. É uma forma do indivíduo tornar-se mais consciente de sua relação interior com a mentalidade coletiva de sua sociedade.

PLUTÃO NATAL NA CASA 1

A casa 1 é a esfera da identidade pessoal, e Plutão nessa casa indica que a área de dificuldade e conflito interior será centrada na experiência do *self* dividido.

Plutão tentará levá-lo à transformação através de seu senso de autoidentidade. Sua criação e vida familiar na infância podem ter sido difíceis, possivelmente devido a um lar desfeito, conflito entre os pais ou preocupações financeiras que levaram a um foco consciente de conflito para satisfazer necessidades materiais. Com certeza, você acha que teve uma infância difícil, dura e problemática, que ela teve grande impacto sobre o desenvolvimento de sua personalidade, sua vida e seu senso de auto-estima.

Como Plutão enfraquece os esforços se eles não forem totalmente apropriados a seu propósito e objetivo secreto, você poderá descobrir que, por meio das pessoas e situações, o ambiente externo tende a frustrar muitas de suas tentativas de expressar sua própria natureza e objetivos. Frustrado e reprimido dessa forma, você provavelmente tem um profundo sentimento de insegurança, escondendo-se sob uma atitude defensiva e reservada. Prefere permanecer um solitário, e os outros acharão difícil penetrar sob sua máscara superficial e controle a fim de conhecê-lo melhor. Freqüentemente, prefere manter as pessoas a certa distância.

Você gosta de sentir que controla sua própria vida, e pode chegar a isso pela sua natural capacidade de ser independente e de aplicar sua iniciativa pessoal e força de vontade para atingir suas ambições. É difícil para você conformar-se com as atitudes sociais tradicionais, o que pode criar problemas para sua natureza individualista.

Sua personalidade pode ser sentida pelos outros como agressiva ou mesmo dominadora, quase obsessiva, ao se concentrar na realização de seu objetivo. Isso pode criar problemas em suas relações íntimas, no casamento e no trabalho, pois você pode considerá-los de importância secundária para a realização de seus objetivos.

Você pode sentir-se tentado a jogar com as pessoas, com elementos de dominação pessoal, confronto e exploração do poder pessoal, expressando parcialmente sua necessidade de auto-afirmação e para confirmar seu senso de identidade. Esses "jogos" podem incluir manipulação emocional e mental. Tendências a isso devem ser evitadas.

É provável que suas relações íntimas sejam muito intensas, caracterizadas por uma sensação de destino, como se tivessem acontecido sem controle aparente de qualquer um dos parceiros. Essas relações podem ser a fonte de energia transformadora, se você for capaz de criar a igualdade e ouvir o seu parceiro sem ter de dominá-lo ou controlá-lo para sentir-se seguro.

Você precisa regenerar-se por uma compreensão mais profunda de sua própria natureza e perceber o turbilhão interior sob a superfície fria, para poder liberar a energia não utilizada de forma positiva e criativa. Você pode possuir força de vontade e boa capacidade de concentração, que devem ser usadas em benefício dos outros pela dedicação a ideais sociais mais elevados. Isso também servirá para reintegrar seu senso de identidade pessoal de forma regenerada, satisfazendo a intenção de Plutão.

Plutão Natal na Casa 2

Essa casa diz respeito ao uso adequado de recursos, especialmente das posses materiais, e a influência de Plutão enfatizará uma compulsão interior e a necessidade de ter um sentimento de segurança rodeando-se de sinais físicos tangíveis de seu sucesso.

A obsessão dominante será obter dinheiro e posses materiais, que você acredita que darão um sentimento de segurança, poder e controle pessoal. Esse impulso pode criar grande desgaste interior, uma vez que todas as energias e pensamentos serão dirigidos para a obtenção de objetivos materiais. Obviamente, isso terá um impacto direto em suas relações com os outros, inclusive com falta de tempo e de interesse pelo lar e pela família, considerados apenas como "posses". Uma tendência a tornar-se muito egoísta e ganancioso pode levá-lo a ter problemas com a lei, impostos, especulação ou heranças. Se é você quem sustenta a família, pode tender a explorar sua posição de poder, especialmente usando a dominação financeira, em vez de compartilhar através do amor.

É preciso que você transforme essa compulsão relacionada à necessidade de segurança, baseada no dinheiro e no materialismo, de possuir e controlar, em valores novos, mais abrangentes, e descobrir um significado pessoal positivo que não dependa de posses físicas. Basicamente, você precisa liberar essa energia obsessiva para libertar-se desse "demônio do materialismo" e purificar seus desejos e motivos a fim de compreender o conceito de administração de recursos que pode ser compartilhado e usado também em benefício alheio. Se você permitir que essa compulsão dirija suas opções e decisões na vida, verá que isso levará à sua queda, e o distanciamento dos outros pode levar a problemas financeiros. Isso ocorre porque Plutão quer que você mude nessa esfera de vida, quer ajudá-lo a encontrar um novo entendimento pessoal do impulso materialista, e eventualmente subverterá todos os seus esforços em promover uma sensação de segurança baseada nesse materialismo se você não tentar mudar suas atitudes. Em alguns casos, a reação a essa tendência pode ser revertida, e uma forma de materialismo invertido pode se expressar numa atitude sovina, na qual o medo de gastar o impede de gozar a vida, o que é tão desequilibrado quanto a tendência a gastar compulsivamente e à ostentação. A verdadeira qualidade de uma pessoa nunca é medida pelo tamanho de sua conta bancária, por uma casa grande, um carro novo etc. — a verdadeira qualidade é expressa pela maneira de viver. Sua vida é vivida com consciência social e preocupação com o bem-estar de todos, como uma expressão de compreensão, tolerância e amor? Esse é o verdadeiro guia. Na realidade, não há segurança concreta nas posses materiais; esse impulso é apenas uma das muitas ilusões utilizadas pela sociedade de consumo contemporânea.

PLUTÃO NATAL NA CASA 3

Com Plutão nessa casa haverá ênfase na comunicação e na expressão do *self* e das idéias, especialmente por meio de palavras, sejam escritas ou faladas.

Essa necessidade de comunicação parece ser quase compulsiva, é tanto um esforço para atingir e contactar os outros como uma necessidade de liberar uma energia interior demasiadamente ativa. Apesar de essa energia poder ser transmitida pelas mãos para curar, é mais provável que você a use através da fala, já que há afinidade e talento natural com as palavras e é possível que você seja um orador èficiente e dinâmico. A energia está ligada basicamente ao nível mental. Você terá uma mente aguda e penetrante, e suas idéias sobre a vida serão cuidadosamente pensadas, organizadas; você será capaz de expressar vigorosamente suas convicções e opiniões. Poderá desenvolver idéias próprias e originais e será atraído a comunicá-las aos outros para que possam ajudar a difundi-las na sociedade. Essa clara expressão de idéias pode ser uma forma de influenciar e controlar as pessoas, pois sua capacidade de persuasão é considerável. Você deve precaver-se contra tendências que o levem a abusar de seu talento, tirando vantagem dos outros ou dominando-os.

Apesar da clareza de expressão, você deve se dar conta de que isso não significa que o conteúdo de suas idéias está invariavelmente correto. Qualquer um que consegue comunicar-se com os outros com eficácia está arriscado a cair em sua própria armadilha, inflando seu ego, considerando os outros inferiores, tratando-os com arrogância e acreditando que o que pensa e diz está naturalmente certo. Essa ilusão é perigosa para você e para os outros, e não dá espaço para a verdadeira comunicação.

Outra tendência é tornar-se inflexível em suas crenças e opiniões, não havendo concessões ou mudanças ao longo do tempo como resultado natural de uma maior experiência de vida e de maior profundidade de pensamento. Sua maneira de ver a vida e interpretar seu significado é apenas sua e pode não ser adequada aos outros. Assim, qualquer abordagem dogmática é fútil e restritiva.

Plutão tenta fazer com que você perceba que o que pensa e comunica aos outros tem conseqüências, grandes ou pequenas, dependendo de seu grau de influência social. Isso envolve responsabilidade quanto ao que você transmite ao mundo. Portanto, esteja atento às suas motivações e ao conteúdo, pois terão um efeito inevitável.

Em suas relações, você deve evitar a tendência a conspirar e manipular, e deve aprender a ouvir o parceiro com mais cuidado e não usá-lo para realçar sua própria inteligência e sagacidade.

É provável que você analise e intelectualize demais sua relação, mantendo certa distância de suas emoções, pois se sente desconfortável com elas, e os sentimentos são muito mais difíceis de serem expressos em palavras. Às vezes, suas palavras funcionam como uma cortina de fumaça atrás da qual você se esconde. Se você soprar essa cortina de fumaça, verá que é menos espessa do que parecia. Suas palavras brilham, mas são vazias. Eventualmente, você sentirá perda de profundidade e de significado na vida, ou os outros começarão a considerá-lo vazio, sem nenhuma contribuição significativa para dar. Entretanto, se você usar essa energia de forma criativa e positiva, com verdadeira percepção dos outros, poderá beneficiar-se muito.

PLUTÃO NATAL NA CASA 4

Isso implica uma necessidade compulsiva de sentir-se física e emocionalmente seguro, e é provável que envolva uma tendência a retirar-se para o seu lar físico e internamente para sua natureza sentimental, como uma tentativa de fugir de qualquer "ameaça" que você acha que surge no mundo exterior ou quando se sente inseguro.

Essencialmente, você tenta construir seu próprio "castelo", no qual é o dono e senhor, pois espera ter controle total de seu ambiente imediato. A necessidade de criar seu reino privado pode decorrer de sua infância, na qual pode ter havido ruptura e falta de segurança física e emocional, talvez pela perda de um dos pais ou por conflitos familiares.

Na vida adulta, você dedicará muita energia ao seu "castelo" e à sua família. Esses terão muito significado e importância para você. Representam o espaço emocional e físico no qual pode retirar-se e relaxar, uma segurança controlada. Entretanto, sua necessidade de manter esse controle e estabilidade pode levá-lo a desenvolver uma atitude dominadora, e sua vontade e teimosia podem provocar atritos familiares. Você tende a "aprisionar" os outros pela dominação pessoal, porque você constrói uma barreira protetora, porém restritiva, entre seu "castelo" e o mundo. Com certeza, você será muito resistente a qualquer coisa nova que entre em sua vida familiar e que possa trazer elementos de ruptura, tais como idéias, pessoas etc. É provável que tenha dificuldade em perceber essa linha de demarcação que traçou para os outros, em ver como você restringe a experiência deles no mundo e em ter consciência dos limites que impõe às suas liberdades individuais. Você administra seu ambiente familiar de modo a tornar os outros dependentes de você e subservientes às suas exigências. Você precisa de um parceiro que apóie basicamente sua ênfase no "lar como castelo" e que não contradiga suas necessidades e valores, mas que atue como um complemento e seja capaz de manter um canal aberto entre você e sua família com o mundo exterior.

Até certo ponto, todo mundo expressa essa tendência no lar e na vida familiar, mas, com Plutão nesta casa, é provável que isso se torne compulsivo e obsessivo a ponto de criar problemas para você mesmo e para os outros. É possível que, em sua vida adulta, haja várias formas de ruptura, e você poderá sofrer traumas em conseqüência direta de suas tentativas de satisfazer suas necessidades de segurança, principalmente se impostas à família.

Talvez você seja atraído a explorar sob a superfície das coisas, com um considerável *insight* das profundezas emocionais dos outros devido a uma sintonia natural com o inconsciente. Entretanto, tal ligação funciona nos dois sentidos, e Plutão tentará criar condições para transformar sua necessidade de segurança física e emocional numa forma tangível, para uma maior autocompreensão, que poderá dar-lhe uma sensação de segurança interior independente de apoio exterior. Você deve tentar descobrir um centro interior de paz e satisfação, uma vez que, afinal, é mais duradouro do que aquele baseado no mundo exterior.

PLUTÃO NATAL NA CASA 5

É provável que você expresse a compulsão de sentir-se importante, de ser visto pelo público e de ser um personagem reconhecido. Em suma, você obtém um forte sentimento do *self* do fato de ser reconhecido pelos outros.

Isso surge como compensação por uma sensação de insegurança interior e de inadequação pessoal, falta de autoconfiança e compreensão. Você acha que, se for capaz de projetar no mundo uma auto-imagem que seja reconhecida pelos outros, de certa forma se tornará mais importante do que se acha na verdade. O reconhecimento público é embriagador.

Como essa necessidade de ser importante pode ser frustrada e as circunstâncias podem conspirar para despi-lo de sua aura, mostrando-lhe os aspectos mais negativos da fama, você precisa passar por uma reavaliação dessa compulsão de ser "alguém". Isso pode envolver um processo de auto-exame, uma negociação com sua própria natureza e suas capacidades. Acima de tudo, é recomendável que obtenha algo de valor real que os outros possam reconhecer como expressão de um dom ou uma habilidade pessoal. É preferível isso do que a frustração de desejar ser um nome e um rosto para o público, mas ser incapaz de "merecer" a fama.

Você tem algum talento criativo, possivelmente artístico, e se conseguir dirigir essa energia para a expressão prática, poderá começar a explorar áreas não descobertas e "fazer nome" como pioneiro.

Você será atraído por romances e crianças como parte de sua necessidade de gozar os prazeres da vida que acha que merece como resultado da fama. O amor sexual será extremamente importante e intenso, e você necessitará de um parceiro regular para ajudá-lo a refletir a impressão do *self* na relação. Essas experiências emocionais mais íntimas com amantes e crianças o ajudarão a aprender a redefinir sua compreensão do *self*, para que se torne mais estável e satisfeito interiormente. Você deve tomar cuidado para evitar a dominação na relação, sendo dominado pelos outros ou dominando-os.

PLUTÃO NATAL NA CASA 6

Indica que a principal tendência compulsiva de Plutão será encontrada num impulso em ajudar os outros, em dar sentido e valor à própria vida. Essa necessidade condicionará a maioria de suas ações e escolhas, e será sua referência ao analisar suas opções.

Ser útil aos outros trará uma sensação de satisfação pessoal e significado à sua vida, e você será uma pessoa cooperativa em essência. Sua consideração pelos outros nem sempre será apreciada ou entendida, e você deve tomar cuidado com a forma como expressa esse impulso para que seja uma ajuda real e não apenas a liberação de sua própria compulsão.

A preocupação com os outros pode tomar uma miríade de formas, algumas óbvias, outras mais sutis, como o trabalho de meditação interior invocando energias espirituais para o mundo. Habilidades e conhecimentos especiais podem freqüentemente ser aplicados de formas óbvias, e você pode sentir-se atraído a expressar-se dessa forma, talvez como professor.

Provavelmente você se sentirá frustrado porque seus esforços não recebem o tipo de "recompensa ou resposta" que desejaria, e porque as pessoas geralmente não dão valor ao seu esforço. Isso é inevitável, e sua atitude precisa ajustar-se para permitir tais reações. Você não deve esperar uma resposta positiva imediata; ajudar por ajudar e não pelos resultados deve ser a abordagem a tomar: você dá porque é de sua natureza e porque tem algo de valor para compartilhar. Você deve reavaliar sempre sua compulsão a servir, garantindo não infringir a liberdade individual das pessoas pela interferência direta. Deve acreditar sinceramente no verdadeiro valor do que está oferecendo. As formas através das quais você tenta ajudar podem precisar de um reajuste periódico. Para lidar com os outros é necessário ter considerável sensibilidade e percepção.

Pode ser que seja mais benéfico despender algum tempo consigo mesmo, transformando-se, para que possa agir como um canal para energias espirituais. Dessa posição, você servirá como um transmissor natural de um objetivo e um plano mais elevados.

A esfera da saúde é destacada, e você poderá ter algum talento nas artes da cura. Pode ser necessário mais treinamento em questões de saúde como um canal para ajudar os outros. Pode ser que problemas com sua própria saúde levem a mudanças em suas atitudes e valores básicos e que ocorra uma transformação em sua vida devido a essas experiências, dando-lhe uma nova direção.

Será muito significativo empregar-se ou desenvolver sua carreira numa direção que você ache benéfica para os outros. Isso vai satisfazê-lo, fornecendo uma saída clara para suas energias. Essas continuarão compulsivas, a não ser que você consiga criar um caminho para sua liberação curativa. De outra forma, estimularão desconforto interior até serem usadas adequadamente.

PLUTÃO NATAL NA CASA 7

A área em sua vida que precisa ser transformada e que terá um impacto especialmente profundo é a das relações próximas e íntimas. A forma como você lidar com as suas relações é a chave para saber se você terá ou não uma vida emocionalmente completa. Se não lidar com cuidado, compreensão e habilidade, é provável que sofra muita dor e angústia emocional, pois seus esforços repetidamente terminariam em uma ruptura frustrante e negativa de uma relação que parecia estar indo bem.

A energia compulsiva de Plutão o impulsionará a relações íntimas, e você buscará intensidade em todas. É preciso sentir que os outros gostam de você e, basicamente, quer dar muito a eles, como, por exemplo, deixando claro que quer que tenham muita liberdade na parceria ou casamento.

Os problemas podem estar numa incapacidade de viver cooperativamente com os outros, especialmente porque pode ser difícil lidar com sua intensidade — tanto para você como para os outros. Talvez isso não seja demonstrado claramente, mas será sentido pelos outros como uma sutil transferência de energias, que pode ser registrada como uma forma de manipulação ou de pressão muda lutando para rejeitar a relação. Existem muitos conflitos de poder e energia numa relação que não são expressos abertamente entre os parceiros e que tendem a determinar seu eventual sucesso ou fracasso.

Você é ambivalente quanto à intimidade e ao relacionamento e ainda há muito a entender sobre você mesmo e sobre os outros. É atraído pela intensidade prometida e pela necessidade de parceiros íntimos, e ao mesmo tempo tem medo do poder que essas relações têm de mudar e redirecionar sua vida para caminhos desconhecidos. Certamente, você deve trabalhar duro para transformar-se, se quiser que um casamento ou parceria a longo prazo funcione. Qualquer tendência a controlar os outros (como forma de autoproteção) deve ser evitada, e você precisa entender a necessidade e a disciplina de estar mutuamente comprometido para fazer uma relação dar certo. Para que dê certo para ambos os participantes, são necessários cooperação e ajustes mútuos, e a sensibilidade emocional pode ser crucial. Você precisa arriscar suas emoções, entregando seu coração aos cuidados do outro. Provavelmente essa é a última coisa que você quer fazer, porque há um sentimento de desconforto e medo quanto à profundidade e intensidade de suas emoções. Será melhor para você entrar em acordo com a natureza dessa intensidade interior. Quanto mais cedo for liberada e transformada numa compreensão consciente, melhor você lidará com essa área de sua vida.

PLUTÃO NATAL NA CASA 8

Essa é a casa da regeneração. A transformação que Plutão busca em você é uma reorientação complexa e total em todos os níveis: físico, emocional, mental e espiritual.

É provável que você use a energia de Plutão para tentar influenciar o mundo e os outros segundo seus desejos pessoais. Usará sua força de vontade para atingir esses objetivos, e sua persistência desgastará grande parte da oposição que possa haver.

Em suas relações, você demonstra uma tendência a manipular os outros a fim de que apóiem seus objetivos. Prefere dominar insistindo que os outros mudem segundo maneiras aprovadas por você, para que possam ser moldados como acessórios de seu próprio propósito e personalidade.

Para levar em frente suas ambições, você gastará muita energia construindo uma plataforma adequada para a expressão de seu motivo oculto, trabalhando-o cuidadosamente num padrão definido a fim de aumentar sua influência. Isso pode ser feito no centro da sociedade, em posições de autoridade e poder, ou pela exploração dos reinos do oculto, que aparentemente oferecem técnicas para aumentar sua eficiência.

Você poderá buscar os seus objetivos de forma intensa e obsessiva, o que pode ter um impacto negativo nas relações íntimas. Deverá assegurar liberdade suficiente para que os outros sejam eles mesmos, assim como você insiste em ser você mesmo e seguir seu próprio caminho. Será mais benéfico se se concentrar na transformação de seu próprio *self* em vez de forçar os outros a refletirem sua vontade.

Seu temperamento será sério em essência, assim como sua perspectiva de vida, na qual tudo é importante e significativo. Porém, essa importância e significado estão diretamente relacionados à maneira como afetam suas intenções, favoravelmente ou não. Você não gosta de idiotas e trivialidades em sua vida, pois acredita que não há tempo a perder.

Provavelmente, a sexualidade será importante para você, tanto como liberação de energia como uma área na qual você pode explorar seu poder de persuasão. Pode haver elementos compulsivos nesse aspecto de sua natureza, que poderão ter influência danosa em sua vida se não forem reavaliados, realizando mudanças interiores e reorientação.

Inicialmente, sua vida será extremamente egocêntrica, absorvida no seu caminho, devendo os outros se adequarem a ele. Plutão tentará subverter isso a fim de estimular uma crise que levará a maior compreensão e integração por meio da liberação de fatores compulsivos. A lição poderá ser muito dura, porém, se usada de modo correto, será extremamente valiosa. É provável que essa subversão ocorra em áreas em que você tem poder e influência, como no casamento e nas ligações sexuais, áreas onde estão seus objetivos e nas quais você tende a ser atingido mais duramente. Sua tendência à rigidez e à probidade também pode virar-se contra você se não for transformada.

PLUTÃO NATAL NA CASA 9

Você sentirá necessidade de ter forte estrutura ideológica para guiar sua vida, dar-lhe uma definição, esclarecer suas opções e oferecer uma clara direção a ser seguida. De várias maneiras, suas crenças ajudam-no a criar um senso de identidade pessoal, pois atuam como energia centralizadora, dando sensação de solidez e permanência.

As áreas que lhe interessarão e de onde virá a base ideológica serão a moral, a ética, a política, a educação, o direito e a religião. Sua consciência social e seu senso de responsabilidade serão despertados, e você se envolverá com alguma tentativa de aliviar as causas dos problemas sociais e mundiais. Certamente você quer ajudar nessas áreas, dar sua contribuição para curar as doenças do mundo, opor-se à hipocrisia e à injustiça social.

Ao adotar e estabelecer sua plataforma, você sentirá necessidade de expressá-la, o que pode levar ao dogmatismo e à probidade exagerada, especialmente no primeiro impulso de entusiasmo por alguma ideologia. Todos que são "donos da verdade" ou das "respostas certas" sofrem da tendência a convencer os outros de que a única maneira certa é a sua. Talvez os outros e seu grupo concordem com isso, mas é pouco provável que todos concordem; nem todo mundo aceita a astrologia ou acredita nela, por exemplo.

Suas habilidades intuitivas levarão você numa direção harmoniosa que deve beneficiar os outros. Você ambicionará o sucesso em suas atividades, possivelmente tornando-se o porta-voz de sua filosofia. Esse sucesso dependerá da ideologia que você adotar. Algumas são mais abrangentes que outras, outras ainda podem ser muito restritivas e limitar a liberdade pessoal. Seja qual for a que escolher, ela moldará sua personalidade. Portanto, tome cuidado ao optar. Levado ao extremo, você pode ser um fanático religioso ou um revolucionário político que tenta impor sua visão da vida aos outros, expressando basicamente atitudes de divisão no mundo, como fazem muito líderes políticos e religiosos.

A transformação que Plutão requer é que você desenvolva sua própria abordagem ideológica, não uma que se baseie numa estrutura de crença de grupo. Plutão exige que você tenha força para andar por seus próprios pés e tenha a coragem de seguir seu próprio caminho e convicções. Isso implica compartilhar com os outros a liberdade individual de buscar e descobrir, não apenas a tentativa de converter, e encorajar cada um a encontrar seu próprio caminho libertando-se da necessidade de sentir-se seguro refletindo as crenças do grupo sem crítica e questionamento.

Essa nova abordagem da tendência oculta agirá como uma força liberadora, levando potencialmente a maior experiência pessoal da realidade e da validade de suas convicções essenciais ou de sua inadequação e de suas falhas. Plutão irá sabotar sua necessidade compulsiva de adotar uma estrutura para guiá-lo, estimulando condições que façam com que ela desmorone, erodindo sua confiança em suas convicções. Entretanto, isso acontece apenas porque Plutão quer levá-lo a novos horizontes, que expressem melhor sua individualidade e nos quais sua própria luz possa brilhar em liberdade.

Plutão Natal na Casa 10

A natureza compulsiva da energia de Plutão mediada pela casa 10 enfoca a natureza e a expressão da autoridade. É provável que você aspire a posições de poder e autoridade e seu respectivo reconhecimento. Tentará desenvolver sua força de vontade natural e utilizá-la para que seu impulso tenha sucesso, permitindo que você tenha proeminência na área social ou na profissão que almeja.

Essa busca de autoridade origina-se parcialmente da busca para definir seu próprio senso de identidade individual, de ser conhecido como "alguém" em vez de ser um anônimo "ninguém". Você também tende a acreditar que os que estão no alto estão lá por direito e por adequação, que são essencialmente superiores aos outros, e que apoiar o *status quo* e um sistema elitista é necessário para a estabilidade social. Será capaz de entender as formas de autoridade e terá a capacidade de trabalhar eficientemente com pessoas em posição de poder. Isso poderá promover uma possível carreira política, no governo ou em questões locais que envolvam hierarquia e burocracia.

Você verá que não poderá ascender sozinho ao cume do prestígio social e público, por isso tentará manter contato com quem tem esse prestígio, a fim de experimentar o poder pela associação.

São outras formas de expressar essa compulsão: opor-se ao sistema, tendo visões extremamente revolucionárias ou libertárias, ou usar qualquer poder e influência que tenha para reformar as estruturas de autoridade existentes. Provavelmente, o confronto direto será apenas a substituição de um sistema detestado por outro, que seja de sua preferência pessoal ou do grupo. Geralmente será imposta à maioria por uma minoria poderosa. Historicamente nunca funciona tão bem na vida real quanto na teoria, e muitas vezes o novo regime torna-se tão ditatorial quanto o anterior, esmagando toda a dissidência.

Qualquer tentativa sua de iniciar mudanças criará controvérsia e polarizará seus seguidores e oponentes. Muitas vezes você achará que está sendo mal compreendido. Dependerá muito de como lidar com as pessoas, pois provavelmente isso semeará o seu sucesso ou fracasso.

Você precisará reavaliar seus motivos e valores pessoais à luz da fama ou sucesso público a fim de libertar-se de qualquer ilusão ou atração pela autoridade e pelo poder e da necessidade de ligar tão fortemente seu senso de identidade às suas ambições. Plutão, agindo como uma energia transformadora e subversiva, usará esses aspectos de sua vida para forçá-lo a descobrir novas formas de compreensão. Se a identidade pessoal é baseada numa posição de poder, Plutão minará sua influência e reputação, talvez retirando-as completamente. Você precisa ter uma percepção mais profunda das responsabilidades sociais da autoridade, de como usar essa autoridade corretamente para o benefício social. Isso se aplica mesmo que a esfera de influência imediata seja limitada à família.

O abuso de autoridade é visto através da história. Líderes autocriados e seus seguidores são lugar-comum. Para entrar em qualquer "nova era", cada indivíduo deve liberar sua própria luz interior e aprender a seguir seu próprio caminho em cooperação com outros que conseguiram o mesmo, em uma unanimidade de objetivo e liberdade — não como líderes e seguidores ou pela imposição de uma elite autoritária.

Plutão Natal na Casa 11

Você acha que tem uma necessidade compulsiva de depender dos outros, deve ser aceito por eles como uma forma de valorização de si mesmo e de senso de segurança. Envolver-se com grupos específicos ou associações fechadas com uma grande quantidade de amigos lhe dá um senso de definição e direção na vida. Isso é importante para você porque é provável que sinta um impulso interior que o motive a atingir objetivos específicos, cuja natureza você não compreende totalmente, mas que agem como um ímã atraindo-o em sua direção.

É provável que essas tendências sejam de natureza reformadora, em que a sua associação com grupos é importante, identificando certas áreas de sua vida que você sente que precisam ser mudadas para o bem comum, aliado a uma orientação para o futuro em vez de uma obsessão pelo presente. Você poderá ver-se trabalhando por um futuro mais seguro, cuja qualidade de vida seja melhor para mais pessoas.

Seus ideais sociais serão uma motivação que determinará a principal direção de sua vida, mas você precisa reavaliar certas atitudes de grupo fixas, a fim de ver se realmente concorda com elas e as apóia. O problema com a maioria dos grupos ideológicos é que há pouco espaço ou tolerância para discordar da "linha do partido". Você precisa ver se suas associações com grupos ou amigos permitem que você tenha espaço para desenvolver seus próprios pensamentos e objetivos à luz de seu próprio propósito.

A não ser que você queira conformar-se totalmente com uma estrutura de crença de grupo, precisará desenvolver maior grau de autoconfiança, que é muito mais seguro e satisfatório.

Como o contexto social é importante para você, terá de assegurar-se que suas motivações são claras e realistas e que não está tentando tirar vantagem dos outros e desrespeitando seus direitos individuais. O idealista social sempre deseja a mudança de acordo com uma visão pessoal de um mundo ideal. Muitas vezes, isso significa impor aos outros uma visão de mundo pessoal. Isso é inevitável, é parte do processo humano de inter-relação com o mundo, mas é preciso entender o que está acontecendo e manter o senso de humor e certo grau de objetividade ao trabalhar pela mudança social.

Nas relações íntimas, você fica tentado a mudar o amante para que ele se adeqüe a você; mas as pessoas são muito resistentes a mudanças, e você com certeza criará ainda mais conflito com esses esforços. É mais sábio ajustarem-se um ao outro, avaliando e apreciando as diferenças, considerando o outro como complementar. A mudança desenvolve-se naturalmente e não deve ser forçada por um parceiro insistente.

É provável que Plutão enfraqueça padrões fixos e ideologias assumidas, que você absorveu sem pensar devido à identificação com grupos. Um período de questionamento pode levá-lo a libertar-se ou ter de renunciar, o que será inevitável se você descobrir sua própria luz e liberdade.

PLUTÃO NATAL NA CASA 12

Não é fácil lidar com a energia de Plutão posicionado na casa 12. Isso ocorre porque áreas de sua personalidade estão ocultas no inconsciente e mesmo assim têm uma forte influência, criando motivações e desejos que condicionam sua vida e suas escolhas.

Obviamente, isso se aplica a todas as casas onde Plutão está posicionado, nas quais impulsos subjacentes que levam à ação compulsiva e repetitiva podem ser localizados na esfera do inconsciente. Porém, essa posição na casa 12 enfatiza influências, a tal ponto que podem quase afogar a personalidade consciente. Essa possibilidade deve ser evitada tentando regenerar estes impulsos inconscientes, trazendo-os à tona e integrando-os à mente consciente e à personalidade.

Você se preocupará interiormente com a sua própria mente e emoções, como se estivesse fascinado pelo processo interior em movimento contínuo. Pode tornar-se morbidamente obcecado com seus próprios problemas e andar à sua volta, sem encará-los de frente para tentar resolvê-los e liberar esses bloqueios repetitivos. Tradicionalmente, a casa 12 é associada com o final e o conceito de carma (a lei de causa e efeito, ação e reação) e é provável que você sofra sentimentos de culpa e padrões de autoperseguição. De certa forma, você prefere sofrer como expiação de pecados desconhecidos que acha que cometeu.

Certamente, você achará difícil estar totalmente de acordo consigo mesmo e sentir harmonia interior. Isso será ainda mais difícil devido ao fato de você possuir uma sensibilidade psíquica para a vida oculta dos outros, registrando seus pensamentos e sentimentos por uma ligação com o inconsciente. Isso pode se manifestar como pensamentos, sentimentos e impulsos confusos e conflitantes que surgem de você. Para começar, esses pensamentos podem não ser seus, mas recebidos de alguém por meio de sua sensibilidade. A resposta ao sofrimento interior dos outros aliada a um sentimento pessoal de insegurança podem levá-lo a preferir maior privacidade e reclusão para livrar-se da imposição da atmosfera psíquica social. Se esse processo for compreendido, uma forma de proteção psíquica poderá ser usada para minimizar tais intrusões e você poderá descobrir que uma intuição interior começará a dirigir sua vida e suas ações.

Talvez você precise seguir algum tipo de caminho ou crença espiritual que poderá trazer alguma luz aos seus padrões emocionais conflituosos. É essencial uma transformação emocional para poder libertar-se de sentimentos de culpa negativos e neuróticos. Se isso puder ser alcançado, seu equilíbrio interior também melhorará. Até então, você manterá distância dos outros, e será difícil cooperar com as várias personalidades encontradas, por exemplo, no local de trabalho. Nas relações mais íntimas, tente ser o mais honesto possível, pois numa atmosfera potencialmente favorável você terá oportunidade de permitir que aspectos seus emerjam do inconsciente e de lidar com eles através do filtro transformador da relação.

CAPÍTULO 6

Trânsitos pelos Signos e Casas

Introdução aos Trânsitos de Plutão

O tempo que Plutão leva para transitar por todos os signos do horóscopo é o período mais longo de todos os planetas, e se estende por aproximadamente 245 anos e 4 meses. Plutão tende a ter um movimento direto aparente durante sete meses por ano, seguido de uma fase de movimento retrógrado durante cinco meses.

Os aspectos de Plutão em trânsito para os planetas natais, conjunção, oposição, quadratura e trígono, provavelmente serão formados somente uma vez por planeta durante a vida de cada pessoa — entretanto, uma vez que um aspecto próximo é formado, durante um período de dois anos esse aspecto se repetirá cerca de três vezes ou provavelmente cinco vezes durante um período de três anos. É improvável que Plutão em trânsito faça conjunção com todos os planetas natais do mapa de uma pessoa.

Numa vida normal de 70-80 anos, Plutão passará somente por três a seis dos signos, e essa quantidade será determinada pelo signo natal no nascimento; se for entre Leão e Aquário, então cinco ou seis signos serão transitados durante a vida; se entre Aquário e Câncer, talvez somente três ou quatro.

O tempo que Plutão leva para transitar nos signos é o seguinte: Áries e Gêmeos, 30 anos; Touro, 31 anos; Câncer e Peixes, 25 anos; Leão e Aquário, 19 anos; Virgem e Libra, 14 anos; Escorpião, 12 anos; Sagitário e Capricórnio, 13 anos.

É interessante considerar os signos nos quais Plutão permanece por mais tempo e aqueles nos quais sua estadia é mais curta. Áries, Touro, Gêmeos e Câncer se estendem por um período de 116 anos, e tendem a indicar uma base do novo impulso de Plutão para aquele ciclo. Áries lançando a semente de um novo impulso na sociedade, Touro começando a implantá-la numa fundação sólida, Gêmeos fazendo-a ancorar-se em mentes sensíveis, e a evidência precoce de suas implicações sendo disseminada por comunicação social, e Câncer absorvendo-a num desejo emocional para que aconteça socialmente, e um conflito centrado na necessidade de segurança.

Os signos onde a estadia é mais curta, de Leão a Capricórnio, vêem a raiz sendo estabelecida na sociedade, provocando seu impacto, criando adesões de apoio e inimigos reacionários de oposição enquanto a progressão da evolução luta para avançar. Na época em que alcança Aquário, uma concretização coletiva do impulso já foi criada, assegurando sua perpetuação para o próximo ciclo, e o reconhecimento e a aceitação da investida intencional do impulso são claros, mesmo que ainda somente para uma minoria receptiva.

Em Peixes ocorre o fim do ciclo, com estágios mais avançados da dissolução da velha ordem e sua substituição pelos novos conflitos sociais criadores, prontos para a energização do novo ciclo.

O período de gestação pode facilmente durar um século até que a nova ordem possa ser claramente vista e identificada, seguindo-se um período de atividade subterrânea. Alcançar o sucesso com o impulso pode demorar vários ciclos, cada um fazendo algum progresso definido, modificando a sociedade suficientemente para que ela possa absorver por completo a ampla visão da qual Plutão é guardião.

A maioria entre nós terá nascido depois do trânsito Plutão-Câncer no início da Primeira Guerra Mundial, e portanto nossas vidas são dominadas pela fase de conflito social e pela disseminação na sociedade das possíveis novas formas de viver e pensar, tentativas de substituir a velha ordem pela nova. Para aqueles que reagem às novas energias progressistas, compromisso social e responsabilidade são estabelecidos em relação aos novos deuses e visão, e o desdobramento disso é indicado na seção dos trânsitos de Plutão nos signos. Essa é a nossa participação e sacrifício à Fênix ascendente.

O impacto social do movimento de Plutão nos signos é dramático, estimulando a queda de estruturas sociais obsoletas e sua substituição por novas. Seu impacto imediato é dualístico — negativo e positivo — mas seus efeitos são sempre permanentes por natureza. Quando começa a erodir a coesão de seu alvo escolhido, então o fim é inevitável, apesar de tentativas de restaurar suas antigas glórias: Plutão não é sentimental!

Para o indivíduo, Plutão tem freqüentemente efeitos perturbadores, abalando o *status quo* e não permitindo a crença na ilusão da segurança real. Como seus trânsitos nos signos e casas duram tanto tempo, sua influência pode não ser sempre abertamente aparente; mas parece que de diversas formas ele sustenta todos os trânsitos dos outros planetas transpessoais. Ele dá um tom que está constantemente presente, no qual todas as evoluções sociais incidentais concomitantes com os trânsitos dos outros planetas são subseqüentemente absorvidas, papéis secundários no objetivo oculto de Plutão.

Quando Plutão transita de um terço à metade das casas, aquelas em que ele entra são especialmente realçadas e importantes para o de-

122

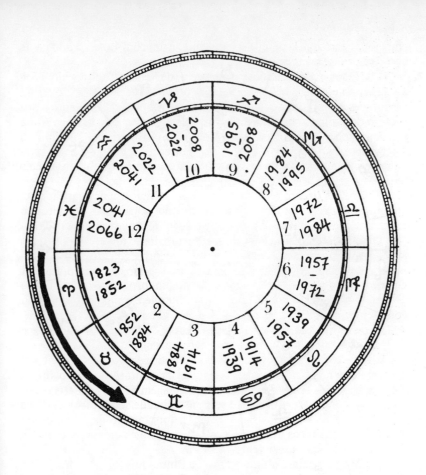

Ciclo do trânsito pelos signos e casas.

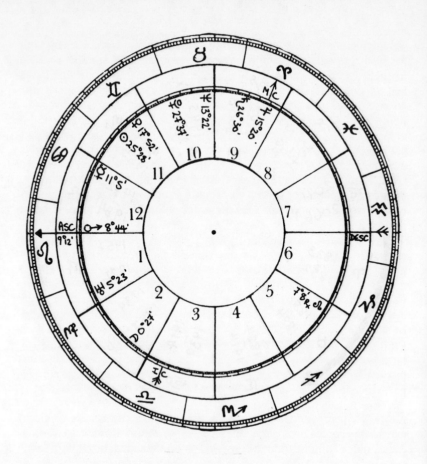

Alice Bailey
Fundadora da Luscis Trust/ Escola Arcana
Plutão em trígono com a Lua em quadratura com Urano
Plutão natal na casa 10.

senvolvimento da pessoa, sendo intensamente revitalizada e energizada. As casas indicam que Plutão procura provocar uma mudança radical naquela esfera da vida individual, uma nova forma de vivenciar e perceber aquele campo da existência humana onde atitudes podem ser transformadas ou novas qualidades criativas reveladas, ou onde a mudança necessita dissolver uma estagnação iminente do espírito. É um processo vigoroso, onde há a desidentificação, voluntária ou forçada, com antigas lealdades pessoais ou sociais fixas; um destronamento dos velhos reis, e um colapso da pressão e do poder dos valores, crenças e atitudes coletivas. Para aqueles que reagem conscientemente à energia de Plutão e para os que tentam opor-se a ela, Plutão é um deus muito exigente, cobrando um preço alto por seus presentes e jamais aceitando não como resposta.

A vida é um processo contínuo, e os trânsitos exercem uma influência integral sobre o relógio interno que marca o tempo, como um cronômetro interno. Nós temos escolha apenas sobre o modo de reagir à mudança; não podemos nos opor à mudança em si. É muito mais benéfico escolher reagir positivamente aos trânsitos de Plutão, aceitar o fato de que a mudança é necessária em alguma esfera onde Plutão está entrando ou está presente. Uma decisão consciente de trabalhar com a energia fará com que a transformação seja mais fácil, em vez de ter de agüentar a pressão de eventos externos forçando o processo. Ser uma vítima inconsciente dos processos da vida não é recomendável; ser um coparticipante disposto é muito mais recompensador e saudável.

Esses trânsitos nas casas são bastante amplos e abrangentes, e sempre refletem profundas dificuldades em atingir a ruptura de transformação que parece necessária. Elas podem ser muito dolorosas e prolongadas, quase como se todos os aspectos da personalidade estivessem sendo testados e rearranjados. A casa específica dá a esfera superficial da vida a ser modificada, mas na realidade as mudanças exigidas cobrem todos os aspectos da vida.

Essas mudanças poderiam facilmente ser uma evolução na construção de sua perspectiva e compreensão da vida próprias e singulares, para tornar-se mais inteiro em si mesmo, capaz de emergir do casulo da sociedade coletiva de atitudes, valores e crenças recebidos. Isso é muito difícil, e muitas vezes de natureza traumática. Normalmente a sensação é de solidão e isolamento, independentemente de qualquer apoio alheio com o qual você tenha a sorte de poder contar. É que você se dá conta de que a sua mudança interna lhe é profundamente pessoal, e de que ninguém pode realmente apoiá-lo enquanto passa por essa metamorfose. É um estágio de ascensão regeneradora da Fênix, uma experiência de refinamento e uma aceitação da personalidade composta contraditória. Por exemplo, um trânsito de Plutão na primeira casa envolverá uma dissolução do atual senso de identidade pessoal e um esperado rearranjo numa totalidade maior.

Isso pode envolver a depuração eliminadora de todos os resíduos psicológicos que foram acumulados através do tempo, para o restabelecimento de um equilíbrio interior saudável; o estado de constipação não é somente um fenômeno físico.

A posição natal de Plutão indica o que pode ser considerado um desafio de vida para o indivíduo, uma área crucial da vida que necessita regeneração de alguma forma, e que se torna uma medida para a avaliação do "crescimento e sucesso". À medida que os trânsitos prosseguem através de suas esferas particulares que também requerem uma transformação menor, eles funcionam também como um canal para a resolução do desafio natal. Progresso e crescimento nas esferas de trânsito levam a um movimento correspondente para alcançar a regeneração natal. Essa ligação íntima deve ser percebida e considerada, para que, a partir de qualquer perturbação interna, se forme uma direção de resolução para o futuro.

No momento em que Plutão transita, seja entrando numa nova casa ou signo, seja fazendo um aspecto próximo com um planeta natal, ocorre uma nítida liberação de energia vibrante do inconsciente. Isso é estimulante e freqüentemente resulta num despertar de memórias adormecidas que podem ter sido esquecidas ou reprimidas, ou de padrões inibidos de comportamento ou personalidade. O que parece surgir na mente são aspectos da personalidade ou experiências que podem trazer algum *insight* significativo sobre a natureza individual ou sobre a vida futura. A intenção parece ser a de que eles devam ser trabalhados conscientemente, como um processo integrador através do qual o confronto com experiências reprimidas possa tornar-se um ato de autocura.

Sempre haverá uma dimensão emocional na área que Plutão estiver estimulando, e esta será a fonte de maior parte da dor e desconforto que podem suceder quando um conflito interior está ocorrendo. Certas formas de agitação emocional, instabilidade e tensão interna são esperadas quando Plutão termina uma fase e se prepara para abrir um novo ciclo. Parece bastante comum as pessoas experimentarem maior consciência de sua mortalidade pessoal nesses períodos, às vezes pela morte de alguém conhecido, outras vezes apenas pelo processo interno plutônico fazendo com que a mente sinta a sombra da inevitabilidade da morte. Essa consciência por si só pode levar a grandes mudanças em algumas vidas, quando as pessoas questionam o modo como estão vivendo e sua realização pessoal. Muitas vezes descobrem que seria melhor usar seu limitado tempo de outras formas, e podem então começar a transformar suas vidas.

Para alguns, os trânsitos de Plutão revigoram as emoções. Freqüentemente, sob as pressões da vida, as pessoas tendem a inibir suas reações emocionais, principalmente os homens, e vivem sem se dar conta do valor desse aspecto em si mesmos. Plutão pode causar o surgimento de paixões incontroláveis, uma explosão das paredes da represa inibidora,

126

e isso pode, logicamente, criar problemas em vidas relativamente estáveis; talvez quando homens ou mulheres de meia-idade envolvem-se em relações perigosas ou sentem que de alguma forma precisam "provar algo" a si próprios em algum contexto ou reafirmar sua identidade individual ou sua atratividade. A noção de identidade pessoal pode freqüentemente ser afetada pela energia abrasiva de Plutão, em que as máscaras sociais começam a se desintegrar e cair, juntamente com uma infinidade de pretensões e ilusões sobre si próprios, outras pessoas e a forma como a vida é muitas vezes vivida. Uma vez que essa desilusão fundamental ocorre, a dificuldade está em decidir a próxima coisa a fazer, porque o velho modo de viver foi destruído e sua falsidade não pode ser reconstruída.

PLUTÃO ATRAVÉS DOS SIGNOS

Plutão em Áries (1823-1852)

Esse é o impulso inicial do novo ciclo de Plutão transitando pelos signos. É um tempo de novos começos, um tempo de plantar novas sementes para iniciar os padrões condicionadores que abrirão seus caminhos até se manifestarem no mundo durante os próximos 250 anos.

Plutão é, às vezes, considerado um co-regente de Áries com Marte, e os efeitos transformadores de Plutão nesse signo são expressos pelas qualidades de energia e entusiasmo ardentes liberados de maneira agressiva e direta. A chave para a energia de Áries é a necessidade de afirmar a própria personalidade através da ação, de agir como iniciador de novos projetos e direções a tomar na vida. O "eu" é experimentado e confrontado por desafios criados pessoalmente com o fim de realizar o estado individual de "eu sou".

Isso muitas vezes leva à ação e ao movimento puramente como liberação de tensão interna criada pela energia ariana, freqüentemente feitos sem raciocínio ou consideração pelas eventuais conseqüências de tal atividade. Impaciência e impulsividade podem levar a futuros problemas e a atividades inacabadas.

Essa fase trouxe um período de exploração do mundo e pioneirismo individual, quando o império vitoriano começou a expandir-se e os europeus começaram a colonizar e explorar a América do Norte. O novo ciclo de semeadura para o futuro começou. A influência da cultura, da língua e do modo de vida ingleses foi fisicamente implantada em culturas estrangeiras pela exportação do imperialismo, apoiado pela força das armas. Exploradores como David Livingstone, na África, foram um símbolo da atividade ariana na penetração em novas áreas de oportunidades potenciais. Qualquer canto do mundo era alvo do impulso expansionista.

Áreas selvagens da América do Norte eram alvo dos intrépidos exploradores, que tentavam forjar uma nova nação e uma nova vida. Atraídos pela promessa de um modo de vida baseado na liberdade e na escolha pessoal, um número crescente de europeus atravessou o Atlântico em busca de novas oportunidades e aventura. Na Europa, novos movimentos revolucionários surgiram, como na França e na Itália em 1848, almejando derrubar os regimes então no poder e as monarquias existentes. Tais movimentos foram inflamados pela necessidade de afirmar liberdades individuais e de confrontar as velhas ordens estabelecidas, para levar o povo ao poder e destruir as elites dominantes. Essas formas de atividade eram uma expressão do efeito transformador de Plutão quando mediado pelas tendências de Áries. A nova semeadura foi destinada a deflagrar uma nova era de autodescoberta para o indivíduo, e a levar a um maior conhecimento e integração consciente dos diversos países e raças no mundo. Esse processo ainda está ocorrendo, mas essa fase foi o novo impulso para o atual ciclo de Plutão, que durará quase até 2070, e os subseqüentes trânsitos de Plutão pelos signos desenvolvem essa rota inicial.

Plutão em Touro (1852-1884)

O impulso fundamental dessa fase foi a necessidade de estabelecer um senso de enraizamento, de estabilidade social baseada em fundações firmes, e uma forma particular de comportamento derivada da classe social do indivíduo, como evidenciado na Inglaterra vitoriana.

A principal área de expressão era a ênfase na produtividade material, aquisições materiais e melhor qualidade de vida. Isso desenvolveu-se a partir da integração mais profunda, na sociedade, do impacto da "nova tecnologia", surgida da Revolução Industrial européia, e de um maior uso de máquinas que proporcionavam um aumento na produtividade. Foi um período de grande expansão econômica na Europa, e levou à formação de um mercado mundial de exportação e importação e ao comércio internacional. Esses primeiros passos em direção a um sistema econômico mundial, em que as nações se tornaram mais interdependentes tanto como fornecedoras quanto como consumidoras de bens e matéria-prima, levaram à formação de novas parcerias e alianças internacionais e também a maiores atritos entre rivais econômicos que competiam nos mesmos mercados.

A resposta da geração à energia mediadora de Touro foi objetivada na conquista da terra e da matéria. O ímpeto era de descobrir e usar, de forma prática, aquelas energias essenciais retidas, como se fossem segredos, dentro da matéria. Havia necessidade de eficiência prática, e de respostas para os mistérios da vida que fossem particularmente tangíveis e concretos. Isso levou à teoria evolucionista proposta por Darwin, que parecia fornecer uma resposta para a questão da origem do homem, assim como para o desenvolvimento do materialismo científico e da visão que tinha o universo como uma máquina e não como um organismo vivo. Essas atitudes ainda prevalecem no pensamento dominante da atualidade.

A chave para essa combinação de energias de Plutão e Touro é o tema da posse pessoal, em que a segurança é buscada primeiramente nas posses materiais que dão conforto físico e a satisfação prazerosa da posse. Isso aumentou a necessidade de produtividade e de consumo, e deu ímpeto à revolução tecnológica do século XX. A tendência na sociedade era dar prioridade aos instrumentos materiais de produtividade e às idéias que pudessem ter aplicação prática. O fluxo de energia social estava direcionado para a obtenção dos novos objetivos materiais; sobrava pouco tempo ou energia para uma análise interna sobre o tema com o qual a sociedade estava começando a identificar-se — a ascensão do deus do materialismo.

Essa tendência é exemplificada pela avaliação e interpretação da vida humana e do significado social em termos da teoria econômica e a elevação do conceito de Estado a uma dominância maior. Em 1869, Karl Marx publicou *O Capital*, cuja influência é ainda muito grande hoje com o subseqüente desenvolvimento do comunismo e do socialismo. Por volta de 1871, a força política mais dinâmica da Europa era o nacionalismo, estimulado e refletido nos esforços sucessivos de Bismarck para unificar os Estados germânicos.

É interessante notar dois exemplos do efeito subversivo de Plutão. A teoria da evolução, de Darwin, abalou o domínio da Igreja sobre o pensamento da sociedade, desafiando as atitudes bíblicas da época, que eram fundamentalistas e literalistas. Desde então, a Igreja perderia seu reduto nas mentes para ser substituída pelo novo sacerdócio do materialismo científico. Paralelamente ao enfraquecimento da influência da Igreja, a cultura intelectual ocidental foi impregnada pelas sementes das filosofias metafísicas orientais. Madame Blavatsky e sua Sociedade Teosófica foram forças matrizes primordiais nesse processo que buscava introduzir uma nova visão de Deus e do papel do homem no mundo e no universo, que seria mais adequada do que a visão da Igreja a um tempo de transformações e ao futuro. A influência dessas sementes ainda está para ser percebida por completo no mundo.

Plutão em Gêmeos (1884-1914)

Durante esse período, a aurora do mundo moderno das comunicações e viagens internacionais foi construída a partir de novos progressos no âmbito da ciência e tecnologia, que estavam entrando numa fase de rápida expansão de conhecimentos e aplicações práticas. Especialmente importantes foram as investigações dos usos da energia elétrica e sua tecnologia, por homens como Edson, Bell e Tesla. Isso lançaria os alicerces da futura dependência do Estado tecnológico contemporâneo da energia elétrica, operando através dos sistemas de comunicação de massa e computação e em todos os aspectos da vida moderna.

Gêmeos está associado com a mente, o intelecto e a comunicação, e além da crescente dependência da tecnologia elétrica, houve também o desenvolvimento de novas formas de transporte físico que se tornariam extremamente importantes na construção de nossas sociedades internacionais modernas. Essas são as invenções mecânicas do automóvel e dos primeiros aviões (primeiros vôos por volta de 1903), que desempenhariam seus papéis na Primeira Guerra Mundial. Essas invenções começaram a propiciar uma nova liberdade de deslocamento às pessoas e ofereciam o potencial de expandir os horizontes físicos e mentais do homem.

A orientação de Gêmeos para o intelecto encorajou a curiosidade intelectual e a sede de saber. Iniciou-se uma fase de inconformismo e de liberdade artística entre aqueles que buscavam novos horizontes, pois Gêmeos prefere manter sua individualidade única. Esses são os primeiros sinais de um movimento procurando a libertação das preocupações materialistas e das estruturas sociais do trânsito por Touro precedente, a fim de obter uma liberdade individual mais flexível.

A evolução e o crescente uso de telefones, automóveis e viagens aéreas começou a encolher o mundo, apesar das atitudes marcadamente nacionalistas ainda proeminentes em todos os países. Essa foi uma fase em que a mente analítica adquiriu mais importância, em que havia um esforço para tudo identificar e classificar, e em que a palavra falada e a escrita eram freqüentemente vistas como os veículos essenciais da comunicação. O processo de análise iniciado por Gêmeos é ainda hoje fundamental, levando um mundo cada vez mais complexo a uma maior confusão decorrente de suas atitudes divisoras básicas. O que é preciso é um processo de síntese, a criação de sistemas inteligíveis completos para que seja possível um entendimento holístico. A análise é apenas a metade da história; a síntese é imprescindível para a totalidade.

O papel de Plutão aqui é desencadear um novo sistema de comunicações mundiais, unificar a consciência de um só mundo, e potencialmente derrubar todas as barreiras divisoras entre as pessoas, local, nacional e internacionalmente. A introdução de carros e aviões demonstra os efeitos sempre ambíguos de Plutão. Socialmente criativos e positivos, causam o aumento das liberdades pessoais, mas ao mesmo tempo causam também outros perigos e problemas sociais. A fumaça excessiva dos carros, paisagens transformadas para o uso do carro; a evolução de aviões até os mísseis nucleares, e a informática levando à Guerra nas Estrelas. Ocorre também a emigração de pessoas para novos países que oferecem uma vida melhor, criando dificuldades raciais e de imigração quando as raças se misturam fisicamente e fundem-se em países multirraciais.

Plutão parece apontar para um futuro vislumbrado, orientando indivíduos e grupos na formação de alicerces essenciais para a nova sociedade, mas ainda assim dissimulando o conhecimento dos problemas que serão autocriados pelas decisões da humanidade, dos difíceis desafios da unificação nacional e internacional que são exigidos para o alcance da visão dourada. Ele força a humanidade em certas direções, que freqüentemente parecem inevitáveis, muitas vezes dolorosas, provocando a mudança.

A fase de Gêmeos findou no início da Primeira Guerra Mundial, uma reação inicial real e negativa à semeadura da visão intelectual de um só mundo.

Plutão em Câncer (1914-1939)

Durante essa fase canceriana começou a ser constatada uma reação, nos países industrializados da Europa, às pressões e tensões do movimento que, lentamente, dá mostras de concretizar a visão de Plutão.

Câncer é um signo associado à domesticidade, às emoções e ao sentimento, e está intimamente ligado a um senso de segurança que busca encontrar em seu próprio ambiente ou na posse da terra. Esse impulso começou a estimular as atitudes separatistas mais individualistas, criando um forte movimento nacionalista em cada nação do mundo onde as qualidades e características particulares foram enfatizadas e valorizadas. Na base das atitudes nacionalistas havia um grau doentio de fanatismo emocional procurando um pretexto para entrar em ação. As fronteiras nacionais e o sentimento de identidade se tornaram mais importantes para o bem-estar do povo e o conceito de "pátria" tornou-se proeminente.

O meio ambiente começou a mudar devido às novas técnicas de agricultura; produtos químicos eram usados na terra para estimular o crescimento, e eram construídas represas para gerar energia elétrica. Melhorias nos transportes fizeram com que os produtos agrícolas pudessem ser transportados mais facilmente através do país para mercados distantes. A indústria agrícola passou da produção em pequena escala para um sistema em grande escala, interesses orientados nacionalmente para o capital a fim de comprar mais terras e novas tecnologias para a obtenção de maior produtividade.

Minando qualquer sensação de segurança estavam a instabilidade econômica e os conflitos internacionais. Na América houve o *crash* de Wall Street; na Alemanha, a inflação galopante havia criado, por volta de 1923, a plataforma para a ascensão do nacional-socialismo, e na Grã-Bretanha e na América, a Grande Depressão de 1929 levou milhares ao desemprego e à pobreza. Na Rússia, a queda do regime czarista e a Revolução de 1917 teriam importância mundial.

Foi durante o período desse trânsito que Plutão foi "descoberto" e a passagem por Câncer parece ter estimulado diversos movimentos importantes na história do século XX. Em 1919, a Liga das Nações foi formada como precursora das Nações Unidas, cujo objetivo é encorajar os países a trabalharem juntos e em paz para o bem da humanidade; e no mesmo ano estabeleceram-se os partidos fascista e nazista na Itália e na Alemanha. Em 1923, foi publicado *Mein Kampf*, coincidindo com a inflação galopante na Alemanha e com o aumento da influência de Hitler e dos nazistas. Na Itália, Mussolini tornou-se ditador em 1925. Na Rússia, Stalin assumiu o poder em 1929. Todos esses carismáticos e implacáveis líderes pareciam capazes de aproveitar-se da energia de Plutão, utilizando-a com grande eficácia para construir seu poder político e social, mas ao mesmo tempo deturpando-a internamente pelo seu uso negativo, o que finalmente os levaria a cair.

A energia subversiva de Plutão está particularmente potente nesta sua fase em Câncer. Apesar da necessidade canceriana de segurança, a influência de Plutão leva ao extremo oposto. Houve pouca paz ou segurança no mundo de 1914 a 1945, e parece que Plutão tentava apressar as mudanças e trazer diversos elementos destinados a desempenhar papéis da maior importância no resto do ciclo. Em reação a essas pressões econômicas e sociais, e ao crescente medo de colapso iminente nos indivíduos e na sociedade, novas propostas de governo começaram a aparecer nas principais nações ocidentais. Na América surgiu o conceito do "New Deal", na Europa, o fascismo, e na Rússia, o comunismo. Em conseqüência da Primeira Guerra Mundial, as fundações mais tradicionais da família e estilos de vida começaram a sofrer mudanças consideráveis, especialmente porque muitas famílias haviam perdido homens na guerra. Isso provocou mudanças no papel da mulher na sociedade, uma expansão de suas funções e *status* tradicional.

Uma lição muito dura foi enfrentada pelo mundo em 1945. Se as nações insistissem na manutenção e ênfase da política sectária, no isolacionismo e em atitudes nacionalistas e racistas que careciam de um espírito unificador, então a segurança que as pessoas buscavam jamais seria possível. Em lugar dela haveria conflitos entre as nações e guerras potencialmente devastadoras refletiriam a desarmonia entre os homens. O desafio era mudar a sociedade e as pessoas para que o caminho para a verdadeira segurança pudesse ser encontrado. O fim da fase canceriana viu a ascensão, na Alemanha, de um grupo que personificava uma velha maneira de pensar — Hitler e o Partido Nacional-socialista — que, ao invocar sonhos, atitudes nacionalistas, o destino do *Reich* de mil anos e o conceito do super-homem de pura raça ariana, mergulhou o mundo na Segunda Guerra Mundial, 25 anos após a primeira. O choque entre as velhas e as novas energias, velhos e novos deuses, Câncer e Plutão.

Plutão em Leão (1939-1957)

Essa fase é de extrema importância no desdobramento do ciclo de Plutão, sendo essencial para a liberação científica da energia atômica e os efeitos internacionais daquele conhecimento, criando um desafio mundial que ainda está para ser enfrentado e compreendido corretamente.

Inicialmente, esse trânsito começou com o mundo outra vez entrando em uma guerra mundial, estimulada por um orgulho nacional exagerado e por tendências expansionistas, procurando maneiras de exercitar forças econômicas e militares de forma agressiva. Leão é um signo de liderança e realeza, e esse período viu a exploração do poder por ditaduras políticas na Europa, tal como as de Hitler e Mussolini, que se manifestaram durante o trânsito em Câncer, mas nessa época já haviam chegado ao auge de seu poder.

Os aspectos mais negativos do poder ditatorial se manifestam, tais como a extrema crueldade política em assegurar o controle social e nas tendências totalitárias e supressão da dissidência. A combinação das energias de Leão e Plutão causou problemas no manejo correto do poder pessoal/nacional. Esse egoísmo nacional acentuado incitou as paixões de antigas afirmações grupais e a violência, e ampliou as atitudes nacionalistas de superioridade elitista.

Plutão é exaltado no signo de Leão, um signo de fogo, e a nova energia atômica foi descoberta e usada para apressar o fim da Segunda Guerra Mundial. Isso deu à humanidade a capacidade de destruir a espécie e o planeta, se assim quiser. A face mais negativa de Plutão está demonstrada na destruição planetária potencial; a visão positiva básica é a união planetária e usos criativos do conhecimento científico, voltados para a humanidade. A questão é o uso nacional e pessoal do poder, seja para o bem de todos, seja por motivos egoístas e de auto-engrandecimento.

Em conseqüência da guerra, os impérios coloniais dos países ocidentais começaram a se desmantelar, novos Estados independentes surgiram. A criação de Israel em 1948 provocou tensões no Oriente Médio e os conflitos árabe-israelenses; e uma nova forma de nacionalismo surgiu, comprometida com o fim da opressão colonialista e a recuperação da identidade nacional: veja-se o caso da Índia, que se libertou do controle britânico em 1947.

Os anos pós-guerra viram a criação ou renovação de diversas organizações idealistas. A extinta Liga das Nações renasceu sob o conceito mais abrangente das Nações Unidas em 1945, e a Comunidade Econômica Européia foi estabelecida entre 1955 e 1957, unindo países em benefício mútuo. Na Grã-Bretanha, ideais socialistas se estabeleceram por meio de programas envolvendo a criação do *Welfare State,* do serviço de assistência de saúde gratuita e de um novo sistema educacional baseado mais na habilidade do que em divisões por classes sociais. Uma nova República Popular surgiu na China em 1949, baseada em princípios comunistas, e, no fim do trânsito, a exploração do espaço foi inaugurada com o lançamento do *Sputnik*, em 1957.

A luta pelo domínio do mundo, para ser o "rei da floresta", se polarizou entre dois grandes Estados (apoiados por seus aliados). Essa foi a luta contínua entre dois diferentes sistemas políticos e ideológicos, o capitalismo, concretizado na América, e o comunismo, na União Soviética. Essas duas grandes potências militares e econômicas confrontam-se pelo mundo, usando nações sub-rogadas como campo de batalha. Aparentemente, se esses dois Estados se reconciliarem e reduzirem as chances de uma guerra atômica mundial, a visão unificadora de Plutão poderá chegar mais perto de manifestar-se. Essa parece ser a rota indicada.

Plutão em Virgem (1957-1972)

Essa fase viu o mundo recuperando-se da devastação da guerra e focalizou-se na reconstrução material e no progresso. Virgem é um signo de terra, e isso está associado principalmente com a matéria e as preocupações de natureza prática. A influência de Plutão é aparente nas mudanças que começaram a ocorrer nas esferas de saúde pessoal, emprego e indústria, todas com um acentuado efeito condicionador na qualidade material de vida das pessoas.

Esse foi o começo da era da informática, que hoje afeta quase todos os aspectos da vida. O comércio, a indústria e as forças militares foram os primeiros a usar essa nova tecnologia. Enquanto isso, a progressiva automação em fábricas e escritórios começou a tornar muita mão-de-obra especializada obsoleta, substituindo pessoas por máquinas.

O tratamento e o conhecimento médico, além das companhias farmacêuticas multinacionais, contribuíram para melhorar a qualidade de vida para muitos no Ocidente, ainda que nos anos 80 a eficácia de algumas atitudes e técnicas da profissão médica estivesse sendo questionada. Os perigos da poluição química e seus efeitos colaterais levaram a uma renovação do interesse por tratamentos de saúde mais antigos, e a alimentação natural e as terapias alternativas começaram a proliferar.

Nessa época, houve uma crescente conscientização da tendência da ciência materialista de arriscar a própria humanidade: os riscos nucleares, a destruição do meio ambiente e a desumanização social. A geração nascida durante o trânsito por Leão, com sua ênfase no individualismo, desencadeou o "culto à juventude" com o nascimento e a influência mundial do *rock' n'roll*, dos Beatles e do movimento *hippie* durante os anos 60.

A influência da nova música, aliada a novos modismos, novas atitudes e estilos de vida, e uma rejeição questionadora da conduta social e pontos de vista tradicionais provocou diversas mudanças na sociedade, e maior liberdade de expressão individual. A liberação das drogas psicodélicas de alteração da consciência exerceu forte influência sobre milhões de pessoas nascidas no pós-guerra. Essas drogas proporcionavam diferentes formas de auto-experiência e percepção da vida e do universo para aqueles que as experimentavam. A reação dos *hippies* à energia de Plutão foi proclamar "Faça amor, não faça a guerra", uma atitude profunda de transformação e afirmação da vida, em harmonia com a visão planetária, ainda que sendo vítima de uma expressão ingênua e de uma sociedade cínica que, mesmo hoje, se recusa a aceitar o verdadeiro sentido daquela alternativa. Numa escala mundial, os *hippies* floresceram como expressão simples de uma maneira de viver a visão de Plutão, mas "morreram" devido à resistência mundial e à sua própria incapacidade de se transformarem sem o auxílio das drogas, afinal, negativas.

Simultaneamente à exploração do espaço interior pelas drogas, o homem teve êxito em sua libertação dos limites planetários com a exploração do espaço sideral e a descida na Lua. Isso também forneceu ao mundo a imagem do planeta Terra, fotografado pelos astronautas, suspensa como uma bola no espaço. Essa é uma imagem extremamente importante, mostrando uma só Terra, e é o símbolo pictórico da visão de Plutão, a compreensão transpessoal.

Formas eficazes de controle da natalidade foram desenvolvidas, levando à possibilidade de um planejamento familiar e ao surgimento súbito de uma nova liberdade sexual e uma nova moralidade. O conceito de família nuclear começou a ruir sob as novas pressões da sociedade; pressões sexuais e morais, maior mobilidade no trabalho e o desejo de opções de vida individuais ajudaram a ampliar as oportunidades e liberdades pessoais para além das restrições das atitudes sociais consagradas. Quase todos os aspectos da vida estavam sendo desafiados, e rejeições a um estilo de vida massificado tornaram-se mais comuns na forma da procura por uma qualidade de vida mais singular e melhor.

As tendências de Virgem para uma visão estreita e um tratamento analítico que buscava o conhecimento a fim de subjugar a matéria ao controle da mente foram subvertidos pela influência de Plutão. Essa influência tentava demonstrar que a mente é um bom criado, mas um senhor perigoso, a não ser que seja equilibrada pela consciência de um objetivo global e uma consideração pelo valor e qualidade da vida humana.

Plutão em Libra (1972-1984)

A imagem de Libra é a dos pratos de uma balança, os quais raramente estão em equilíbrio ou harmonia, mas normalmente desequilibrados em desarmonia. Nas vidas individuais com forte influência libriana, assim como nas vidas das nações, parece ser difícil lidar com a energia libriana de forma positiva e consistente.

Essa fase assistiu ao começo de um movimento na política e na sociedade contra algumas das liberdades pessoais mais marcantes que vinham sacudindo a sociedade nos anos precedentes. Um efeito de recuo começou a ocorrer contra o poder sindical, a liberdade sexual e a "sociedade permissiva", as escolhas de vida individuais, movimentos e seitas espirituais, educação criativa etc. Houve um anseio de voltar a um "passado dourado", quando a vida era socialmente previsível e as pessoas seguiam basicamente os padrões de vida socialmente aceitos, e a "moral governava" pela mão controladora de uma elite política certa de que sabia o que era melhor para todas as pessoas. Foi essencialmente uma reação à recente velocidade das mudanças no mundo, que estava, e ainda está, se intensificando.

O que Plutão tenta indicar através de Libra é a necessidade urgente de maior cooperação e de um senso de responsabilidade e interdependência. As relações humanas no âmbito pessoal e mundial são a chave do futuro; se elas forem egocêntricas e separatistas, a dor e o sofrimento tornar-se-ão inevitáveis, mas se alguma forma de consciência de grupo dos membros da raça humana tornar-se dominante, só então poderá ser assegurado um futuro mais positivo e pacífico. Novamente Plutão enfatiza a natureza da escolha a ser feita pela humanidade. Uma visão global precisa ser semeada e vista como a verdadeira alternativa e o caminho a ser trilhado.

Certamente, nos anos 80, temos problemas globais, em que o uso de novas tecnologias e fontes de energias criam a poluição ambiental, afetam negativamente padrões tradicionais de emprego de mão-de-obra e comércio, e criam zonas em que a fome, a violência e sociedades fadadas à autodestruição são comuns. Nesse sentido negativo, o mundo é mais um só mundo do que jamais havia sido. O que é preciso compreender e aprender adequadamente, antes que seja tarde demais, é que a divisão só levará ao desastre e ao sofrimento, e que a única esperança está na união; isso é apenas uma percepção pragmática e uma expressão de bom senso.

Em Libra, os velhos e novos caminhos começam a se confrontar novamente, e a polaridade entre as atitudes dos "velhos bons tempos" e aquelas que se orientam em direção ao futuro fica mais clara. Nesse período o fundamentalismo começou a se fortalecer no Oriente Médio e na América, com as novas Repúblicas Islâmicas no Oriente Médio e os cristãos renascidos na América, e com a volta aos valores vitorianos na Grã-Bretanha de Thatcher. É uma reavaliação do passado, chocando-se com as necessidades do mundo futuro, e esse é o tema fundamental dessa fase. Na URSS, o comunismo começou a mudar enquanto os velhos líderes políticos começaram a desaparecer. Da mesma forma, a China, na mesma época, passou por mudanças, incorporando aspectos do capitalismo ocidental e implantando-os num sistema comunista, que potencialmente poderia oferecer um novo ponto de encontro para as duas ideologias opostas se encontrarem e se unirem.

Esse período foi uma época de insegurança econômica mundial, quando o impacto de novas tecnologias começou a ser sentido nos níveis de emprego, e através do mundo ocidental muitos milhões de pessoas ficaram desempregadas e alienadas da sociedade de consumo por causa de dificuldades econômicas. É um período de transição, a morte de velhas indústrias e modos de produção, e as novas formas substitutivas ainda estão nascendo ou precisam ser primeiro socialmente aceitas. Aumenta o questionamento dos valores sociais, principalmente o de certas correntes científicas, que têm efeitos negativos sobre o bem-estar das pessoas e da vida, e há uma busca das correntes científicas que realçam as qualidades positivas da vida, uma busca pela direção certa a tomar.

Plutão em Escorpião (1984-1995)

Durante esse trânsito, as energias de Plutão estão sendo transmitidas para o mundo pelo signo com o qual elas têm mais afinidade, Escorpião. Isso significa que as energias estarão mais concentradas, e quase certamente apresentarão desafios difíceis para a humanidade enfrentar. O sucesso ou fracasso resultante determinará, em larga escala, a forma do resto do ciclo de Plutão até Peixes.

É provável que a velocidade das mudanças no mundo se acelere ainda mais, e que algumas nações reajam de forma confusa e com maneiras de pensar obsoletas às inevitáveis mudanças que estão sendo estimuladas de múltiplas formas por Plutão. A tensão mundial aumentará e o conflito armado se tornará muitas vezes irresistível, principalmente em países do Terceiro Mundo e do Oriente Médio, que já são áreas instáveis. Tendo isso em vista, é essencial que as superpotências evitem se envolver em conflitos mais diretos em países sob sua influência.

Escorpião e Plutão são energias transformadoras, e os temas de renascimento, regeneração e renovação aliados a períodos de finalizações e novas criações são as tônicas dominantes. O mundo enfrenta problemas globais, que ainda não estão sendo verdadeiramente resolvidos, porque os "líderes mundiais" e os políticos ainda expressam atitudes velhas, condicionadas pelo perigoso pensamento separatista. Isso deve mudar com o desaparecimento gradual da Era de Peixes, e o movimento da humanidade em direção a seu dia de autojulgamento, colhendo os frutos de suas escolhas. Embora possa parecer negativo, é provável que a humanidade enfrente seus maiores perigos nessa fase, e a única solução será a união planetária e uma mudança radical no estado de espírito do mundo. Os perigos envolvem particularmente a guerra nuclear, a fome, as epidemias e a poluição ambiental. Um dos perigos que o mundo enfrenta é o aumento das doenças sexualmente transmissíveis, principalmente a AIDS, que é um exemplo primordial de Plutão/Escorpião influenciando o impulso sexual, e aparentemente minando muitas das liberdades individuais já trazidas da fase de Plutão em Virgem. Essas incluem a evolução dos direitos dos homossexuais e sua aceitação pela sociedade, e a aceitação da permissividade sexual; ambas estão sendo agora questionadas devido à disseminação da AIDS. A volta às velhas atitudes não é o caminho em frente, mas é necessário que surja uma nova e maior compreensão do impulso e da energia sexuais.

Essencialmente, o mundo precisa dar passos positivos em direção à concretização do conceito de aldeia global, da similitude e valor da vida humana, independentemente de raça, cor ou credo, unindo-se na tolerância, compreensão e fraternidade. É provável que um novo impulso evolucionário e revolucionário seja liberado durante esse período, expresso numa perspectiva universal, e apoiado por forças ocultas. Certamente aumentará a preocupação com o planeta, e a influência coletiva dos ambientalistas será mais valorizada. Idealmente, o que deveria surgir é uma nova forma de política que levasse à Era de Aquário, que construísse uma ponte resolvendo os problemas presentes e criasse uma plataforma para a transformação social e a consciência global. A nova política será centrada no ser humano, onde o que é bom para o indivíduo é também bom para o mundo; é muito radical, mas será a chave da garantia de um futuro, se puder ser transmitida até sua manifestação, enquanto os modelos políticos e sociais existentes são incapazes de mudar e romper os padrões de conflito e confronto inerente a eles.

Plutão em Escorpião confronta o homem com a realidade do mundo que ele criou; o lado sombrio do homem é suficiente para destruir o mundo, e essa energia certamente estimulará o eu obscuro, mas, idealmente, para que se liberte e renasça numa luz maior. A velha ordem rui, e, como a Fênix, a nova renasce das cinzas da antiga.

Plutão em Sagitário (1995-2008)

Os efeitos positivos desse trânsito dependem do progresso feito pela humanidade durante a crise e o momento de mudança de Escorpião. As energias de Sagitário enfatizam os campos da religião, direito, educação e viagens, idealismo filosófico e uma necessidade de considerável liberdade pessoal.

Tais tendências exercerão uma influência natural nas esferas da religião e da política. No mundo da religião, os credos existentes serão mais questionados, enquanto um novo impulso religioso, mais abrangente, compreensivo e moderno, começará a penetrar a sociedade. Uma nova formulação do impulso religioso é necessária para um mundo novo, que reflita os valores espirituais essenciais e o senso de direção da humanidade, mas que não aliene as pessoas pela manutenção de crenças arcaicas e socialmente perigosas. A nova religião pretende fundamentar-se na experiência pessoal das realidades espirituais, em vez da fé cega e rendição aos ditames de um sacerdócio espiritual.

No mundo contemporâneo, muitos aspectos das religiões existentes são impróprios, e muitos deles estão na fase final de seu ciclo de vida natural; uma síntese de suas raízes comuns e essenciais é o primeiro passo, levando potencialmente em direção a uma única religião mundial. Esta incluirá crenças científicas e conhecimentos modernos num novo entendimento da necessidade da humanidade de dar um sentido espiritual para a vida, porque ambos lidam com o mistério da vida de duas perspectivas diferentes, mas complementares, e um campo comum pode ser estabelecido pela unificação das duas atitudes mentais.

A busca sagitariana da liberdade e da independência poderia estimular a mudança em qualquer país que esteja restringindo as liberdades pessoais, e novas ideologias devotadas a conclamar as pessoas surgirão, guiadas por líderes impelidos por aquele impulso. É provável que isso leve ao conflito interno em regimes repressivos.

No final dessa fase, espera-se que as novas linhas sociais da política, religião e ciência estejam mais interligadas, de uma nova maneira globalmente responsável, e que o impulso da direção do mundo se mova para a visão aquariana. Se o progresso não ocorrer, os alicerces da sociedade mundial irão ser sacudidos sob a reação à pressão por mudança; e o que poderá surgir é uma distorção negativa da abordagem positiva, com religiões autoritárias apoiando regimes cada vez mais totalitários e criando uma redução nas liberdades individuais e a probabilidade de conflito internacional.

Plutão em Capricórnio (2008-2022)

Capricórnio é um signo de terra, e durante essa fase haverá um conflito entre as estruturas sociais, políticas e econômicas arraigadas e aquelas que tentam emergir como substitutas capazes de trasmitir as novas idéias e direções da visão transpessoal.

A necessidade de novas estruturas políticas deverá ser óbvia na maioria das nações por essa época, sendo as questões principais a clarificação do rumo a ser tomado e a natureza das novas estruturas para o alcance de novos objetivos. A necessidade de responsabilidade global e interdependência nacional será dominante, e cada nação precisará desenvolver uma atitude planetária, enquanto assegura a valorização e a integração de sua identidade racial particular num mosaico mundial de visão unificada.

Estruturas cristalizadas na política e nos negócios poderão ser desgastadas pela ação de Plutão, e velhas formas de pensar serão percebidas como inadequadas para resolver problemas sociais. A semente do novo ideal visionário permeará a mente mundial da humanidade, e o desejo de concretizar essa abordagem se tornará inexorável, mesmo que provoque maior tensão social e global, ao serem questionados os padrões de vida existentes. Mais pessoas apoiarão os novos ideais e agirão como uma agência transmissora para o mundo.

Durante o último trânsito Plutão/Capricórnio, novos conceitos de governo foram divulgados, o principal no "novo mundo da América", como a famosa Declaração de Independência em 1776 e os princípios básicos da democracia ocidental e o estabelecimento dos direitos e liberdades do homem.

Essa seria uma época apropriada para o nascimento de uma forma mais efetiva de governo mundial. As atuais Nações Unidas são um modelo básico, mas serão sempre inadequadas até que as nações estejam dispostas a cooperar positivamente numa plataforma global para o bem da humanidade. Enquanto elas agirem predominantemente em blocos de poder contra agrupamentos opostos, o resultado será a desunião; entretanto, quando a necessidade de união mundial se tornar imprescindível, o estágio inicial do trabalho cooperativo tornar-se-á inevitável para que haja benefício mútuo, e então a situação se modificará.

Como Capricórnio é um signo associado à autoridade e à liderança, alguns países poderão reagir inicialmente tentando impor regimes autoritários fortes a seus povos. Plutão subverterá quaisquer tentativas nesse sentido, e, baseados no desenvolvimento do trânsito precedente por Sagitário e seu impulso essencial para maiores liberdades, existirão grupos de pessoas, em todas as nações, dedicados a subverter essas tendências governamentais. Isso poderá causar tensões internacionais, mas espera-se que por essa época a URSS tenha elementos de democracia e capitalismo integrados à sua estrutura comunista particular, criando assim um sistema político regenerado que poderá entrar mais facilmente em diálogo e cooperação com o Ocidente. Isso removerá a maior ameaça à paz mundial, e pode-se esperar que pelo trabalho conjunto para a garantia da paz, as superpotências possam agir como apoio num mundo em transformação, como símbolos vivos de como os opostos podem coexistir em harmonia.

Plutão em Aquário (2022-2041)

A imagem de Aquário é a do carregador de água, o recipiente e liberador da poderosa energia vital presente na água. Como se sabe, encontramo-nos no limiar da nova Era de Aquário, portanto é razoável presumir que o trânsito de Plutão por esse signo será muito influente. É possível que ressoe o toque fúnebre da velha civilização e que se vejam as sementes formativas do novo ciclo mostrando raízes precoces sobre a terra e lançando raízes para o novo mundo. Nessa época também serão plantadas sementes que só emergirão da terra bem mais tarde no ciclo. Essas sementes mais tardias poderiam ser previstas como uma visão futura daqueles que registram o padrão interno se manifestando como a vida na Terra.

Aquário é um signo associado com a individualidade, a irmandade universal e a consciência de grupo, e é um signo de ar, estimulando a mente e o intelecto. É provável que haja progressos científicos nessa fase, que estarão diretamente ligados às necessidades do futuro ciclo e ao avanço do humanitarismo mundial.

O trânsito precedente Plutão/Aquário testemunhou a evolução do Estado livre democrático na América, a Constituição e a Declaração dos Direitos Humanos e a Revolução Francesa, com o seu ideal expresso no lema "liberdade, igualdade, fraternidade", e as revoltas na Europa contra os ultrapassados sistemas governamentais aristocráticos e ditatoriais da época. O ideal revolucionário não foi alcançado pelos franceses, e ainda é um ideal que a sociedade moderna não chegou a incorporar.

Baseando-se nas fundações implantadas em Capricórnio e anteriormente, a nova direção política deverá ser capaz de emergir abertamente no Ocidente. Ela obterá mais apoio do povo durante essa fase, já que expressará os principais impulsos da energia de Aquário, e será claramente percebida como uma direção positiva e criativa a ser tomada.

Plutão em Peixes (2041-2066)

Esse é o último signo pelo qual Plutão transita nesse ciclo. É um tempo de finalizações, a culminação de todo o ciclo e o ano semente do próximo. O sucesso ou o fracasso do trânsito inteiro será visto e avaliado. É provável que as necessidades do mundo e sua esperança da aurora de uma Nova Era ainda permaneçam insatisfeitas, apesar de consideráveis progressos e do movimento em direção à realização da visão planetária.

Esses progressos serão relativamente grandes, mas possivelmente emergirão das nações ocidentais para depois se disseminarem pelos países menos desenvolvidos do mundo. Isso porque essas nações, que enfrentam problemas associados ao progresso tecnológico avançado, ainda se confrontam com a necessidade de interdependência global e com os desafios da transformação internacional e da adaptação dela decorrentes. Elas serão forçadas por circunstâncias mundiais a corresponder à pressão da corrente evolucionária, e a posicionar-se na dianteira do movimento pela mudança internacional.

A situação mundial poderá ser uma situação na qual as nações ocidentais modernas comecem a abraçar e incorporar os novos valores e atitudes universais e humanitários, repartindo-os mais igualitariamente com os Estados em desenvolvimento, estimulando o crescimento e a transformação nas nações sobre as quais exercem influência, enquanto elas tentam se desenvolver para alcançar o nível de sociedade que o Ocidente basicamente atingiu por volta de 1990. Certamente a "nova era" ainda não surgirá numa amplitude mundial, mas evoluirá aos poucos, com mudanças nas atitudes nacionais, um senso crescente de responsabilidade universal e humanidade comum, e experiências sociais com novas formas de governo, teorias econômicas etc. O Ocidente é a ponta-de-lança da nova corrente evolucionária, e também se encontra no momento crítico de seu impacto social; é um desafio difícil de enfrentar.

Mesmo nessa época o mundo ainda estará fragmentado. Entretanto, com a esperada emergência de um novo e mais eficaz fórum de nações, unidas pela consciência de que a única alternativa é unir-se no trabalho pelo futuro mundial, a esperança da humanidade será iluminada.

Peixes trará um tempo de sonhos, olhando para o passado para ver o que construiu o presente, talvez para evocar velhas maneiras de viver, lembranças sentimentais; olhando para o futuro, sonhando com as glórias por vir, os objetivos a alcançar, os sonhos a realizar. As nações do mundo refletirão isso, enquanto refletem as várias formas de governo e atitudes condicionadoras de todo o ciclo: liberais, autoritárias, totalitárias, socialistas, ditatoriais, "nova era" etc. Todas elas ainda existirão, principalmente nos países do bloco comunista e do Terceiro Mundo. Conflitos poderão obviamente surgir dessa condição, mas as nações ocidentais terão alcançado uma unidade muito mais profunda, aliadas à URSS e aos países do Leste europeu.

A vida não é nada mais que uma escolha de caminhos a serem seguidos; cada um deve escolher a direção por si próprio, mas é mais sábio caminhar juntos em irmandade.

PLUTÃO ATRAVÉS DAS CASAS

Plutão transitando pela casa 1

O tema dominante durante esse trânsito será a preocupação com a obtenção de um maior grau de autoconhecimento, que poderá então auxiliar no processo de integração pessoal. Você poderá experimentar a necessidade de um questionamento e busca interior, enquanto sente a necessidade de avaliar sua própria natureza e direcionamento de vida quase como uma preparação para mudanças iminentes, e é possível que qualquer grau de sucesso que obtenha nessa fase condicione a natureza dos trânsitos seguintes.

A tendência será você se envolver mais com atividades sociais, políticas ou religiosas; pode ser um prosseguimento mais intenso de interesses anteriores ou o início de uma nova direção em sua vida. Você certamente sentirá um forte anseio e impulso dentro de si para identificar-se pessoalmente com a causa que tiver adotado; e sentirá que em sua vida pessoal deverá ser um exemplo individual das crenças, princípios e atitudes de sua causa escolhida.

Isso poderá criar uma mudança bastante radical em seu estilo de vida, já que as energias de Plutão estão destinadas a subverter qualquer velha ordem estabelecida, para que o novo possa emergir para substituir um padrão de comportamento restritivo e ultrapassado. Isso pode levar ao zelo excessivo do recém-convertido, e para prevenir-se contra esse tipo de comportamento é necessário manter um senso de proporção e uma perspectiva realista.

Sua atitude em relação a si próprio e à sua vida poderá ser permanentemente mudada por influência de Plutão. Essas mudanças serão provocadas pelo sincronismo das circunstâncias externas que o confrontam com as situações e experiências que fazem com que você sinta necessidade de mudanças interiores, aliadas à vontade de aceitar sua inevitabilidade. Isso pode ocorrer em forma de uma série de experiências inevitáveis que o forçarão na direção de novos ambientes, como conseqüência de deixar para trás os antigos. Isso pode criar a sensação de que a sua identidade está se desintegrando se as experiências necessárias forem inicialmente negativas e purgativas, já que a dissolução de uma relação há muito estabelecida pode servir para destruir padrões de comportamento existentes. Qualquer que seja o caso, o objetivo é essencialmente o mesmo: construir uma integração pessoal mais profunda e efetiva para tornar-se mais completamente sua verdadeira personalidade.

Isso exigirá que você comece a expressar seus próprios talentos e qualidades singulares em sua busca de novos caminhos. Também envolverá uma luta interior para libertar-se das formas mais consagradas e hábitos padronizados de pensar e sentir, para que você possa estar livre para entrar no espírito da nova atitude sem recair nos velhos hábitos.

Você sentirá um fluxo de energia potente para dentro de si, e isso poderá fazer com que tenda a liberar essa energia de forma destrutiva, tentando derrubar quaisquer barreiras ou obstáculos que sinta que estejam impedindo o alcance de seus novos ideais e objetivos. Sua vida será impregnada por essa energia, e inicialmente você poderá experimentar alguma dificuldade para entender seu impacto e lidar com ele.

É provável que sua consciência sobre assuntos políticos se intensifique e aprofunde, e que você se alie àqueles grupos políticos e sociais que forem compatíveis com suas convicções em evolução. Você deve usar essa fase para procurar as causas e os valores mais profundos e fundamentais em qualquer contexto político, religioso e social; se conseguir fazer isso, então descobrirá que suas percepções continuarão a mudar e evoluir enquanto sua compreensão e *insight* se esclarecem.

Você deve evitar qualquer tendência a tornar-se mais implacável, teimoso e hipocritamente virtuoso em suas idéias e em seu ímpeto de expressá-las; especialmente resistindo à tentação de usar agressividade excessiva para manifestar sua vontade, seja ela força física ou mental pelo poder da manipulação mental. Para evitar que essas tendências surjam, deve tentar desenvolver as qualidades de tolerância, cooperação e compaixão nas várias formas pelas quais você tenta expressar o impulso desse trânsito.

Plutão transitando pela casa 2

Continuando a partir do esclarecimento da nova direção revitalizada do trânsito pela casa 1, esse tema principal diz respeito à forma como você consegue utilizar seus talentos, qualidades e habilidades pessoais inatas para atingir seus próprios objetivos e ambições.

Você precisará olhar profundamente para dentro de si, para analisar e avaliar, de forma honesta e realista, a natureza e a potencial aplicação desses talentos, e então estar preparado para utilizá-los eficientemente. Uma administração pessoal organizada eficientemente é a chave do sucesso.

O que você deverá examinar envolve a totalidade de sua vida até agora; isso inclui todo e qualquer dote físico e criativo, o acúmulo intelectual de conhecimento e treinamento específico, sua filosofia pessoal de vida e as crenças e valores que você aplica à vida diária, e sua atual situação financeira, responsabilidades familiares e outros compromissos. Considere-os e veja se poderia usá-los com mais eficácia do que atualmente. A maioria das pessoas possui talentos e qualidades que são pouco aproveitados devido às circunstâncias, e a maioria é capaz de alcançar muito mais do que na realidade alcança. Esse é o desafio que você enfrentará durante essa fase. Existirão diversas maneiras pelas quais você poderá ir mais longe, e que lhe proporcionarão maior grau de realização pessoal, se você estiver disposto a gastar mais energia para provocar essa reorientação. Os contextos nos quais isso poderá funcionar envolvem criatividade, devoção a uma causa, interesses adicionais em casa, trabalho, etc.

De certa forma, é pedido a você que "prove" suas capacidades ao mundo, que demonstre clara e abertamente sua contribuição individual e única. Para alguns, essa fase indica que, sob a influência de uma ideologia poderosa tal qual foi absorvida durante um trânsito pela casa 1, suas atitudes pessoais ante as posses poderão modificar-se radicalmente. É provável que seus bens possam ser utilizados para sustentar uma causa ou sejam vistos de uma perspectiva totalmente diversa da anterior. Certamente suas atitudes em relação aos bens materiais se modificarão e terão então outro controle sobre você, talvez visto no contexto de "administração" e menos possessivamente; alguns poderão achar que a sua direção escolhida seja devotar seus talentos a maiores ganhos financeiros e materialistas.

É bem possível que esse trânsito de Plutão o ajude, estimulando a abertura interior de talentos dos quais você não tinha conhecimento anteriormente ou que estavam latentes e não desenvolvidos. Isso poderá ocorrer especialmente se a direção proposta for para a vida política ou espiritual. Você poderá descobrir um florescimento repentino de talentos ou qualidades criativas que são seus para aplicar ao "trabalho" que estiver determinado a realizar. Em alguns casos, isso poderá levá-lo a ser usado como um "canal" para que novos impulsos penetrem na sociedade, e para ser usado de formas não imediatamente reconhecidas pela mente consciente para provocar ou influenciar certas mudanças necessárias na sociedade.

Esse é um período muito apropriado para usar seus talentos ao máximo, seja de que forma escolher. A sua aplicação correta certamente lhe trará benefícios maiores do que espera, lhe dará uma perspectiva mais profunda e de si próprio intensa, e oferecerá o potencial para maior satisfação e realização pessoal.

Plutão transitando pela casa 3

Durante essa fase você deverá demonstrar aos outros sua habilidade para resolver problemas aplicando seu intelecto, e pelas atitudes e valores que você desenvolveu durante sua vida até agora. O principal desafio que enfrentará agora será a aplicação dessas atitudes e valores de forma prática.

Quanto mais uma pessoa consegue viver inteligentemente, permanecendo fiel a seus princípios e convicções pessoais, mais ela criará os fundamentos de um estado de harmonia interior natural. Como um auxílio importante para alcançar isso, é sensato desenvolver a inteligência para que você se torne competente para lidar com o mundo como ele é. Então, primeiro é necessário uma abordagem pragmática, baseada numa apreciação realista da vida. Freqüentemente isso é mais difícil do que se imagina; a maioria das pessoas não consegue lidar com o mundo como ele é na realidade, preferindo viver de ilusões e fuga da realidade.

Todo mundo deve conscientizar-se das "técnicas de viver" que parecem essenciais para atuarmos com sucesso na sociedade em que vivemos. O aprendizado das regras sociais requer anos de experimentação, durante os últimos anos da adolescência, e envolve a habilidade de adaptar-se conscientemente ao mundo contemporâneo. Essa é uma forma de adaptação pragmática, em que você deve demonstrar a efetividade de seu estilo de vida individual dentro da comunidade. Uma "técnica de viver" essencial está na habilidade de estabelecer boas relações com os outros, e a pessoa pode ser orientada para desenvolver essa habilidade. Alguns não conseguem compreender sua relação com a sociedade, e se tornam alienados. Uma futura evolução na educação deveria incluir um treinamento social mais definido destinado a desenvolver nas crianças sentimentos e conceitos sobre a unidade humana.

Você poderá descobrir que uma técnica de questionamento poderá trazer-lhe benefícios e ajudá-lo a crescer em compreensão, especialmente quando não estiver convencido por soluções que outros oferecem para os problemas da vida.

Isso porque, mesmo que você estimule uma reação dos outros, sua preocupação imediata é descobrir seu próprio caminho, o caminho certo para você, e isso muitas vezes demora. Esteja preparado, entretanto, para ser questionado de forma semelhante por outros que também estejam nessa busca; e não fique surpreso se eles tenderem a rejeitar o seu caminho pessoal, porque é assim que as pessoas aprendem por si próprias, e aqueles que são capazes de permanecer livres e independentes constituem sempre uma minoria.

O que você descobrir sobre si mesmo será de valor inestimável, podendo esclarecer sua vida, orientá-la e dirigi-la a partir de dentro. É de se esperar que essas descobertas o impeçam de perder tempo buscando sonhos e fantasias que imagine irão realizá-lo no mundo exterior, porque você reconhecerá que a realização duradoura vem de dentro.

Pode ser que esse período veja a dissolução de uma relação íntima com alguém próximo a você, como um amigo, um parente próximo ou pai ou mãe. Talvez isso ocorra pela morte, que direciona os seus pensamentos mais para dentro, na busca de um sentido para a vida, e que também serve para acabar com certas restrições sobre sua liberdade de escolha e ação. Pelo menos você tenderá a vivenciar a necessidade de afastar-se das coisas que o prendem, e buscará formas pelas quais poderá tornar-se mais independente.

Você poderia ser aconselhado a não se envolver demais com idéias extremas nesse período, porque é possível que haja uma atração nesse sentido, como reação à sua situação atual e como expressão de "independência"; lembre-se da necessidade de "questionar e desafiar".

Seu problema pode ser que, ao libertar-se de alguns velhos hábitos, mergulhe diretamente na absorção de uma nova ideologia e estilo de vida sem qualquer pensamento crítico, porque você vivenciará uma grande necessidade de se enquadrar em algum lugar. Na verdade, as únicas pessoas capazes de pensar livremente não se enquadram em lugar algum.

Haverá necessidade de você ter cuidado na sua maneira de se expressar, e será melhor se ela não for excessivamente radical nessa fase, devido a reações superentusiásticas a novas idéias. Lembre-se de que as técnicas e maneiras de viver devem sempre poder ser reavaliadas a qualquer momento. Elas podem suportar o teste e emergir intactas, ou podem necessitar reajustes e mudanças para se tornarem mais abrangentes e apropriadas ou, ainda, podem entrar em colapso total sob a pressão da vida real. Tente não cair na armadilha de ser agressivamente discriminatório em relação às idéias alheias e desafiá-las, tratando as suas próprias idéias como se fossem uma escritura sagrada; na verdade, você deve ser ainda mais severo na avaliação de suas próprias idéias e convicções do que a respeito das dos outros. Usando sua inteligência dessa forma você criará uma nova perspectiva e senso de proporção, tolerância e compreensão.

Plutão transitando pela casa 4

Seu principal desafio será demonstrar sua capacidade para viver de uma perspectiva que esteja fundada em sua filosofia pessoal de maneira consistente no seu cotidiano; é uma expressão da sua "verdade", própria e singular. É também possível que isso revele que você não possui uma concepção verdadeiramente clara de sua percepção da vida, e que talvez necessite encontrá-la.

Isso pode envolver um restabelecimento do centro de seu próprio senso singular de identidade, e é possível que as circunstâncias da vida criem situações que o confrontem como "testes". Isso irá refletir sobre o conceito de "lar" interior e pessoal, e seu lar exterior, nacional e planetário. Continuando a partir do trânsito pela casa 3, você descobrirá que estará tendo de contar mais com seus próprios recursos e habilidades, o que também poderá envolver mudanças em sua vida pessoal e no lar. Como parte integral dessa necessidade, deverá levar em conta quaisquer requisitos necessários para o desenvolvimento de suas atividades sociais, políticas ou espirituais.

Você será atraído a associar-se àqueles que expressam planos e idéias para novas maneiras de viver para a sociedade. Pelo relacionamento com pessoas de idéias semelhantes às suas, verá fortalecer-se a sua resolução de viver a vida mais de acordo com suas intenções e convicções.

Lembre-se de que nesse período você estará primeiramente lançando as fundações do que está por vir; tempo e cuidado serão de grande importância no futuro. Precisará examinar cuidadosamente as posições que decidir tomar como "sua verdade", prestando atenção a todas as tendências atuais na sociedade. Sempre deixe "espaço" para novas idéias e formas de interpretação entrarem, assim como o inevitável impacto das experiências de vida sobre qualquer ideologia que você decida adotar. Esteja consciente de que é provável que isso mude com o passar do tempo, e de que seu entusiasmo atual talvez não dure, e assegure-se de evitar qualquer forma de abordagem dogmática que poderia indicar uma mente fechada. Sua "verdade", assim como você, deve modificar-se e evoluir se for uma verdade viva.

Potencialmente, um dos principais resultados dessa fase do processo deverá ser maior estabilidade interior, quando você estabelecer firmemente seu centro, a partir do qual vivenciará o mundo. É um mundo multifacetado, e qualquer expressão que surja de você deverá ser abrangente por natureza, uma verdade ou ideologia que de fato sirva para unir as pessoas, que as encorage praticamente a viver juntas em harmonia e paz. Há muitas ideologias no mundo que, enquanto parecem pregar virtudes elevadas, na prática apenas separam as pessoas, levando a guerras religiosas e políticas; e esse é, obviamente, um caminho a ser evitado.

Plutão transitando pela casa 5

Essa fase envolve a liberação, através de Plutão, do poder criativo, oferecendo-lhe a oportunidade da criatividade intensificada, com a possibilidade de ir além das suas habilidades e limitações atuais para novas áreas de expressão. A criatividade pode ser aplicada em todas as áreas, e a vida pessoal pode ser percebida como um ato de criação contínuo, na medida em que cada indivíduo escolhe como construir e direcionar sua vida.

As principais áreas de foco nessa fase incluirão a auto-expressão criativa, prazeres e entretenimento social, envolvimentos amorosos, iniciativas de especulação e crianças. É uma fase de "brincadeira" e experimentação através desses canais, experimentar adicionando novas dimensões de prazer e explorando sua própria natureza, aprendendo sobre novos aspectos de sua individualidade própria e singular.

Você poderá descobrir que precisa controlar e entender seus próprios impulsos, obsessões e motivações emocionais, já que eles tendem a atraí-lo para determinadas experiências para que as satisfaça ou se confronte com sua natureza. Enquanto eles permanecerem no nível inconsciente, você não conseguirá exercer um controle consciente sobre sua própria vida, e podem ter um efeito negativo, destruindo seu potencial para a satisfação e a criatividade.

Você deve evitar quaisquer tendências a satisfazer seus impulsos pessoais que prejudiquem outras pessoas, particularmente em seus relacionamentos amorosos ou em sua carreira. Não há uma época apropriada para mergulhar em tal atividade, especialmente até você estar certo de que realmente compreende quais são as suas verdadeiras motivações. Ao mesmo tempo que estiver sendo sensato ao evitar ser cruel com os outros, poderá descobrir que a crueldade dos outros tem influência direta sobre sua vida.

Plutão tem a tendência básica de minar projetos e intenções, se esses não forem apropriados para satisfazer um destino e uma visão mais amplos. Você poderá, portanto, ver sua criatividade frustrada por alguma razão indefinida, ainda que seja esperado que continue tentando, talvez pela adoção de uma nova abordagem ou pela compreensão da natureza da direção para a qual você aponta, sob a luz de um autoconhecimento mais profundo. Se você se envolver em novos relacionamentos amorosos nessa época, é provável que no futuro eles lhe apresentem problemas e lições a serem aprendidas. Quaisquer iniciativas em esferas de especulação devem ser cuidadosamente examinadas antes de se comprometer. A chave do sucesso está na medida na qual você pode associar seus novos empenhos criativos ao seu nível de autoconsciência. A menos que seja usado sabiamente, este aspecto criativo da energia de Plutão estimulará mais dificuldades em sua vida; usado positivamente, poderá impulsioná-lo em novas direções e enriquecê-lo consideravelmente.

Plutão transitando pela casa 6

Essa fase indica um foco sobre os temas de saúde, empregos e serviço aos outros.

É provável que você se sinta inclinado a se envolver de forma mais pessoal no trabalho para alcançar os objetivos de alguma causa na qual acredite. Sentirá necessidade de se comprometer mais e ser mais ativo ao apoiar uma abordagem particular que acredita ter o potencial de levar a progressos sociais, ajudar a resolver alguma área problemática e a melhorar a qualidade de vida. Isso poderá exigir que você avance através de certos desafios pessoais, que poderão incluir a desaprovação por parte de amigos e parentes, apreensão a respeito de sua capacidade de ter êxito em suas iniciativas, um medo do fracasso e uma hipersensibilidade em relação a críticas às suas convicções e dúvidas sobre a profundidade de seu compromisso.

Esse é um período de readaptação. É provável que você se dê conta de que aquilo que sente e pensa não está à altura de um comportamento ideal. Sentirá intensamente a existência dessa "brecha" e isso o estimulará a sentir que deveria fazer mais, para progredir e avançar em direção à incorporação de seus ideais com mais êxito.

Como Plutão provoca uma reação excessiva na área da vida que está influenciando, você precisará ter cuidado para não manifestar um comprometimento elitista, divisor e fanático demais em relação à sua causa. A percepção de tal tendência deverá levar a um balanço consciente de seu envolvimento. Isso poderá movê-lo em direção a uma nova forma de participação na atividade social, e terá o efeito de redirecionar grande parte de sua autopreocupação para as outras pessoas. Você deverá perceber que o seu *insight* sobre as pessoas se tornará mais amplo e claro, e lhe dará mais experiência de como o mundo realmente é — ainda que a visão de uma pessoa sobre outras seja normalmente bastante resistente a mudanças. Você precisa aceitar esse impulso interior, e é provável que isso crie um conflito interior e a pressão da luta, mas é essencial, se você quiser se desenvolver em harmonia com a revelação de seu potencial interno.

Talvez haja mudanças ou disputas significativas em seu trabalho, ou talvez você decida tomar um novo rumo em termos de carreira/emprego que esteja mais de acordo com o seu compromisso. Isso pode estar ligado à atividade de agrupamentos sociais, e é provável que você seja diretamente afetado por ideologias reacionárias ou radicais que estarão influenciando a natureza de seu trabalho por interferência.

Se você estiver basicamente cooperando com a energia de Plutão para provocar mudanças pessoais e envolvimento social, então estará usando o impulso de forma positiva. Precisará ser cauteloso com relação à sua saúde, já que poderão ocorrer doenças devido a quaisquer conflitos dentro de si, especialmente atritos causados pela resistência à mudança. A doença pode muitas vezes ser usada como um meio para forçar a mudança num indivíduo resistente à mudança, e é sintomática de ajustes necessários na vida, interna e externamente. A doença pode criar um "espaço" na vida, no qual a perspectiva de reorientação pode ocor-

149

rer, dissimulando uma oportunidade oculta para benefícios positivos se manifestarem nas pessoas.

Plutão transitando pela casa 7

O foco principal será sobre seu relacionamento e participação na sociedade, e é provável que englobe a evolução do estímulo para o envolvimento com uma causa direcionada socialmente vinda da casa 6. Sua atenção estará primeiramente voltada para aquilo que você perceba como os problemas contemporâneos que a sociedade enfrenta, e sentirá que precisa participar pessoalmente dos esforços para resolvê-los satisfatoriamente para o benefício de todos. Sua percepção da responsabilidade social estará mais acentuada, e os principais desafios diante de você serão aqueles de como melhor cooperar com pessoas de idéias semelhantes para dar uma contribuição real para o progresso social. A ênfase em seus relacionamentos pessoais sociais será na direção daqueles que estejam afinados com a sua crescente consciência social e ideais, para que suas energias se movam para alcançar resultados fundados sobre a unidade do objetivo grupal. É provável que esse seja o território comum entre seus novos companheiros, mais do que quaisquer qualidades básicas de amizade. Para manter tal objetivo comum, a autodisciplina é freqüentemente necessária, assim como um compromisso com o objetivo, já que o atrito entre personalidades é provável na maioria dos estágios.

Na realidade, poderá ser você a fonte do atrito, esteja ou não com a razão. A influência de Plutão sobre você pode levar ao zelo excessivo, ao fanatismo e a um foco total e obsessivamente concentrado na causa; portanto, quaisquer tendências nesse sentido devem ser contidas. Você poderá também sentir-se inspirado a expressar uma visão particularmente purista de sua percepção, convicções e ideais; esses podem estar perfeitamente corretos e equilibrados, e assim você pensa estarem, mas muitos, justificadamente, discordarão: "cada um, cada qual".

É provável que você sinta o ímpeto de desafiar as pessoas em áreas nas quais seja particularmente entendido. Isso oferece um sentimento de superioridade pessoal e dá a sensação de validade pessoal; porém, essa tendência pode, às vezes, tornar-se bastante destrutiva. A abordagem iconoclasta pode ser a mais apropriada na hora certa, mas poucas pessoas estão preparadas para ver suas estruturas de convicções sacudidas, e essa abordagem é a menos apropriada quando a intenção oculta é destruir as idéias alheias apenas para substituí-las por suas próprias idéias. O perigo poderá estar no fato de essas pessoas ainda não estarem prontas para ver questionadas e destruídas certas crenças por elas acalentadas e que carregam muito significado; porque freqüentemente cada indivíduo precisa superá-las, e se não estiver pronto, resistirá e se ressentirá com você, e ocorrerá uma divisão no relacionamento. Suas intenções podem muito bem ser positivas, mas tal tendência deve ser notada, para que você tenha mais sensibilidade nessas situações.

Em qualquer esfera do conhecimento, sempre estão ocorrendo diferentes níveis de ensinamentos, e "verdade" em um nível pode ser "falsidade" num nível mais alto; sua principal responsabilidade é dar-se conta desse fato, e incorporar ao máximo a verdade apropriada para o seu nível, enquanto percebe que ela poderá mudar com um maior conhecimento e a experiência.

Todos os seus relacionamentos estarão sujeitos a passar por transformações radicais durante essa fase, entretanto, muita coisa dependerá de como expressar e lidar com essas poderosas e influentes energias de Plutão. Poderá perceber que precisa libertar-se de todos os relacionamentos restritivos, a fim de ficar livre para buscar o que crê ser o seu "destino". Se isso tornar-se inevitável, então tente fazê-lo com tanta percepção e sensibilidade quanto possível, para impedir que outros sejam excessivamente prejudicados pela tendência a uma abordagem impessoal e cruel, o que seria egoísta. Às vezes, o "chamado interior" para devotar-se à mudança social e ao bem do próximo parece ser aplicado de maneira que causa dor desnecessária à família, como se ela também não fizesse parte da sociedade.

Plutão transitando pela casa 8

Nessa fase você estará preocupado com a qualidade de seus relacionamentos, talvez avaliando-os de alguma forma, considerando sua importância e relevância em sua vida e perguntando-se se são contatos vivos entre os participantes ou ligações superficiais, mantidas apenas por um impulso antigo.

Mesmo enquanto você tender a avaliar seus relacionamentos a partir de sua perspectiva, necessidades e objetivos pessoais, deve garantir que os outros também se beneficiem de estar num relacionamento com você.

Você talvez necessite modificar algumas formas nas quais se expressa e lida com relacionamentos interpessoais, para se capacitar para começar a formar contatos mais satisfatórios. Isso pode envolver a garantia de que você não tenderá a explorar alguém apenas para satisfazer seus próprios desejos e ambições; isso é fácil de acontecer, principalmente em épocas nas quais esteja concentrado na sua própria direção pessoal, quando um foco intenso pode muitas vezes levar a uma falta de percepção dos outros e suas necessidades.

Você poderá notar que estará inclinado a expandir seus interesses financeiros e de negócios, especialmente para tirar vantagem das tendências contemporâneas dos negócios e da sociedade, ou a começar um novo empreendimento. Será tentado por oportunidades que surgem, e se entusiasmará com seu potencial, levando-o a ser talvez menos cauteloso do que normalmente. Deverá desconfiar de projetos duvidosos, e assegurar-se de que tudo é o que aparenta ser, e também assegurar-se de que esses projetos sejam legais e éticos. Se você se movimentar nessa direção, deverá garantir que sua atitude perante tais iniciativas seja apropriada e condizente com seu caráter, e, de preferência, responsável socialmente, já que isso exercerá grande influência sobre qualquer sucesso futuro.

De diversas maneiras, você notará que o dinheiro será um tema dominante nessa fase, e ele poderá facilmente tornar-se uma fonte de discórdia em sua vida doméstica, chegando, talvez, a ponto de romper relacionamentos, sendo necessário um reajuste financeiro com sócios.

Como essa é uma casa de regeneração e renascimento, você poderá experimentar uma fase turbulenta quando as fundações estabelecidas de sua vida começarem a entrar em colapso; obviamente, isso pode ser muito perturbador e doloroso, mas seria uma conseqüência inevitável e natural de suas escolhas através dos anos. Se isso ocorrer, poderá criar uma condição em sua vida que o forçará a procurar novas direções, particularmente em relação a parcerias e finanças. Veja com calma quais são as lições e implicações dessas mudanças indesejáveis, para olhar honestamente onde suas próprias atitudes terão plantado as sementes da discórdia por uma falta de percepção em relação a seu parceiro. Para a maioria, entretanto, é mais provável que reajustes feitos conscientemente em seus relacionamentos e finanças levem a resultados positivos em sua vida, e essa é uma época propícia para fazê-los.

Se você tem interesse e envolvimento com grupos que estão associados com o lado mais intangível e oculto da vida, então essa é uma fase apropriada para aprofundar sua exploração. É provável que você tenha valiosos *insights* e descubra novas formas de ver-se, potencialmente renascendo como uma Fênix e criando um senso de direção mais firme para o resto de sua vida.

Plutão transitando pela casa 9

É provável que você se torne mais interessado em assuntos relacionados com o intelecto e a mente superior, e se envolva na tentativa de compreender as causas básicas dos problemas que a sociedade moderna enfrenta. Normalmente, isso implica que se dedique seriamente a alguma forma de estudo disciplinado e concentrado, seja para refletir interesses pessoais em tais temas e auto-exploração, seja para conseguir qualificações adicionais de natureza acadêmica. Você poderá também sentir-se inclinado a viajar mais, como um meio de ampliar seu conhecimento e experiência de vida em outras culturas.

Potencialmente, você poderá desenvolver uma visão e análise bastante claras dos problemas modernos, e poderá encontrar-se na posição de conselheiro ou guia de outros em direção às suas idéias de resolução.

Poderá começar a desenvolver um conceito pessoal de um estilo de vida mais positivamente adequado às pessoas, que você tentará aplicar em sua própria vida e se oferecerá para comunicar a outros. Isso poderá causar uma transformação radical em sua vida.

Através de seus estudos e revelações, você provavelmente ficará mais ativo ao opor-se a certas atitudes e idéias contemporâneas, as quais acredita serem ineficientes ou incorretas, e tentará combatê-las apresentando as suas próprias idéias e convicções. Isso poderá ser promovido externamente pela expressão pública de suas idéias através dos vários meios de comunicação ou poderá ser principalmente internalizado enquanto você vivencia um conflito interior entre suas velhas idéias, crenças e atitudes e as novas, que estão sendo formuladas e surgindo do impacto dos seus novos e inspirados *insights*. É provável que você sinta necessidade de oferecer algo que acredite ter um valor considerável para que a sociedade adote, já que precisa sentir que está fazendo uma contribuição positiva.

Você poderá ser bastante afetado por experiências de hipocrisia e injustiça social, e isso poderá dar início à renovação de sua busca de uma compreensão mais profunda da sociedade e de sua experiência pessoal dentro dela. O estilo e o conteúdo de sua nova perspectiva, sejam expressos aos outros, sejam vivenciados dentro de si, serão freqüentemente de natureza subversiva, minando as idéias estabelecidas existentes, trazendo a qualidade de serem, de certa forma, revolucionárias, portanto é extremamente provável que mudanças bastante radicais ocorram em você durante esse trânsito. Você deverá tomar cuidado para não se tornar fanático ou obsessivo demais em relação a essas novas e poderosas revelações, para que não tente forçá-las sobre os demais, mas cuidadosa e conscientemente modere sua forma de expressar-se para fazê-las mais aceitáveis e passíveis de serem escutadas pelas outras pessoas.

Plutão transitando pela casa 10

Essa fase envolve a liberação de poder, e os problemas relacionados ao uso de todo poder pessoal ou social de forma que não abuse ou explore os outros.

Você ainda estará tentando provocar algum tipo de impacto na sociedade como expressão de suas convicções e ideais, para que, com sua participação social ativa, consiga contribuir com algo de valor e significativo por meio de uma expressão de poder pessoal, em que a pessoa, por si só ou dentro de um grupo, pode exercer uma influência clara. Isso poderá evoluir até você tornar-se um porta-voz de seu grupo afim. Está aí envolvida a sua tentativa de solucionar a questão — ''O que posso fazer para ajudar?'' — que surge na cabeça de todos aqueles que se associam a grupos ativos, e envolve repartir o ''fardo''.

Toda a tendência a ser excessivo e de mente "fechada" servirá apenas para distorcer e finalmente destruir aqueles ideais que você originalmente havia tentado mostrar. Há muitas pessoas que aplicam seus ideais erroneamente dessa forma, causando uma reação oposta à sua intenção inicial.

Se você emergir para a atenção pública, sua reputação social será diretamente afetada, para seu benefício ou prejuízo, sendo os resultados finais influenciados por suas própria ações, escolhas e decisões.

Isso é primeiramente um teste de poder, seja para usar sua influência para lutar por aqueles ideais sociais mais impessoais para o benefício dos outros, seja para satisfazer seus desejos e ambições pessoais. Você certamente sentirá necessidade de mudar e reformular certos aspectos do mundo em que vive, e esse impulso afetará sua vida social e doméstica imediata.

Suas atitudes, convicções e ações podem criar tanto novos amigos quanto oponentes, e é provável que você sofra consideráveis críticas e desentendimentos, e que aparente ser, para alguns, uma figura controvertida.

Plutão transitando pela casa 11

A influência de Plutão o guiará na direção de um maior envolvimento em atividades que o liguem a grupos que trabalhem para criar melhorias e transformações sociais. Isso será uma continuação e evolução daqueles ideais que você vem construindo, e essa é a época apropriada para aplicá-los em ação direta.

Ao fazer essa escolha, é provável que você esteja simultaneamente reformulando diversos aspectos de seu caráter e vida pessoal, como reflexo da direção que está tomando, sendo fiel às suas convicções e tendo fé nessas causas específicas. Seus objetivos e ambições poderão agora ser radicalmente alterados, e certos aspectos poderão parecer-lhe sem importância nesse momento, enquanto outros valores serão, de repente, extremamente significativos para você; de diversas maneiras, você será como alguém convertido a uma causa.

Isso também significará que sua vida social provavelmente mude, e seu círculo de amigos e conhecidos se expanda ou contraia, dependendo da natureza do caminho que escolheu, e de como você o expresse aos outros. Talvez você necessite lembrar e respeitar os direitos dos outros e sua liberdade de escolha, e de que o que está certo para você nesse momento pode não estar para eles, e vice-versa. Pode haver a tendência a expressar o fervor intenso do recém-convertido, especialmente se for seu primeiro envolvimento em atividades sociais destinadas a estimular transformações, e seu entusiasmo talvez deva ser um pouco atenuado; ou talvez você descubra que em vez de estar criando maior harmonia social, está criando mais discórdia entre você e sua família e amigos. Se isso estiver ocorrendo, permaneça atento a tais tendências, mas não permita que elas dominem sua expressão social, e assim você logo amadurecerá e adquirirá um senso de proporção viável em relação ao seu envolvimento social.

Em todos os seus relacionamentos com os outros, assegure-se de que suas motivações sejam claras e corretas; se você for egoísta, então é provável que experimente perdas financeiras e decepções emocionais. Por causa da natureza desse impulso, e das maneiras como você está sujeito a reagir a ele, deverá ter cuidado com a sua saúde e sua vida, no trabalho e em casa.

Sua mente estará aberta para transformações e problemas sociais, e sua percepção desses será modificada durante essa fase e especialmente em relação ao seu próprio envolvimento e contribuição.

Plutão transitando pela casa 12

Essa é a fase final de seu atual ciclo de Plutão em trânsito, e um período de conclusão e de plantar as sementes para o novo ciclo. Esse pode ser um período difícil, e é provável que você experimente uma confusão interna e um sentimento de transformação iminente, quando aspectos que o influenciam, surgindo de seu inconsciente, o estarão agitando e tentando vir à superfície de seu consciente. Isso poderá ser um pouco estranho e perturbador, mas permita que eles possam emergir, e sempre os aceite, tentando integrá-los ao seu consciente. Se você tentar negá-los ou reprimi-los, então eles poderão causar maiores problemas até que você os reconheça corretamente como aspectos a serem resgatados e resolvidos; eles poderão ser uma das principais fontes de uma integração pessoal mais profunda e de poder regenerativo.

Talvez lhe seja útil explorar certas escolas de pensamento psicológico moderno (por exemplo, Jung, psicossíntese, Gestalt etc.), que fornecem técnicas para capacitar-nos a alcançar a totalidade individual. Tal abordagem poderá abrir novos mundos de exploração e indagações para você, e todos são destinados a possibilitar-lhe entender-se mais completamente e a aproveitar melhor a vida.

É provável que você tenha de livrar-se de certos aspectos do passado para dar espaço ao novo impulso que está vagarosamente se formando em você, antes de "nascer". Isso incluirá atitudes, valores e convicções, especialmente se você achar que está absorvendo, com êxito, mais de sua mente antes inconsciente.

Você poderá sentir-se inclinado a ter maior envolvimento no trabalho mais direto com pessoas desfavorecidas, em auxílio comunitário e outros. Esse é um sinal de sua crescente consciência social. Talvez você também vivencie um maior grau de sensibilidade em relação às idéias, sentimentos e motivos alheios, o que é conseqüência da abertura de seu inconsciente. Isso poderá tentá-lo, como resultado da sensibilidade, a retirar-se ao isolamento e privacidade. Alguma técnica para proteger sua sensibilidade psíquica poderá ser usada nessa situação. Entretanto, é melhor que você não se preocupe demais com seu próprio estado mental e emocional, mas que passe pelas transformações internas mantendo sua vida diária normal.

CAPÍTULO 7

Plutão Esotérico

PLUTÃO, DEUS DA MORTE

Na astrologia esotérica ou oculta, o planeta Plutão está associado à força destruidora da forma que conhecemos como morte, a companheira, sempre presente e gêmea complementar da vida, que reflete o aparente mundo da dualidade que geralmente vivenciamos. Como lição e ensinamento integral no caminho oculto, uma compreensão e experiência pessoal do "processo de morte" é essencial para qualquer progresso real. É de fato o caminho para a libertação; a morte do velho e o nascimento do novo, e a passagem à prometida "vida mais abundante".

Na sociedade ocidental, a morte ainda é um tabu que muitas pessoas preferem ignorar tanto quanto possível, e é um fato da vida que muitos têm dificuldade de aceitar, levando a maioria das pessoas a sentir um medo intenso da morte ou do sofrimento da perda de entes queridos. Apesar de o Ocidente ser nominalmente cristão, com seu credo fundamental na ressurreição e na vida eterna, aparentemente a maioria não tem essa crença como uma fé efetiva e apoio quando a morte se aproxima ou intervém dramaticamente em suas vidas. Fundamentando esse medo está uma vida de esquivar-se do processo psicológico interno da morte, e a perturbadora noção cristã do "julgamento", onde a determinação de uma eternidade no céu ou no inferno está baseada na conduta da vida pessoal.

A morte é o Grande Mistério, um grande abismo desconhecido, do qual ninguém jamais voltou para revelar seus segredos — a não ser que a pessoa acredite na reencarnação ou no espiritismo. Ainda assim, é para esse abismo misterioso que o caminho esotérico leva o aspirante curioso, na direção do encontro direto com os dois pólos da existência humana, a experiência da morte-vida e a iniciação.

A sociedade ocidental é ainda basicamente antagônica ao ocultismo, à mágica e às explorações místicas, primeiramente porque esses caminhos entram nas áreas da vida que a sociedade tem como "tabu", ainda que exerçam uma fascinação que atrai muitos que conseguem questionar aqueles pressupostos básicos. Há também a crença de que aqueles que buscam "respostas" em tais direções são potencialmente subversivos em termos sociais, porque suas atitudes não são as do condicionamento da maioria. Deve-se notar, também, que o caminho esotérico não é normalmente descrito como o Caminho da Morte, talvez porque isso repeliria muitos que ainda não têm uma compreensão mais apurada de suas implicações, e, portanto, os encantos da vida espiritual são inicialmente apresentados de maneira calculada para atrair, um pouco como a cenoura para o jumento. O caminho esotérico certamente vale a pena ser seguido, e é a chave para a contínua evolução da humanidade, e mesmo assim eu muitas vezes sinto que, porque a apresentação inicial da natureza do caminho é aparentemente distorcida, muitos dos que buscam perdem sua confiança e fé em seguir esse caminho logo que ele se torna difícil e escuro. Chegam à beira do abismo, olham para o escuro vazio, sentem aumentar o medo e a vertigem, e voltam, recusando-se a aceitar que isso tenha qualquer coisa a ver com os "gloriosos raios de sol e luz" da vida espiritual — e recuam para o início do caminho.

Ninguém os havia informado sobre quão difíceis certas fases seriam, ou sobre o que na realidade poderiam encontrar. Poder-se-ia argumentar que essa é uma forma de seleção, que aqueles que retornam ainda não estão prontos, e que os que continuam são os únicos capazes de experimentar as revelações seqüenciais. Isso provavelmente é válido. Ainda assim, eu sinto que uma luz mais verdadeira deveria estar brilhando nas fases iniciais do caminho, tanto para informar sobre a escuridão que aquele que busca irá enfrentar, quanto para revelar-lhe o caminho além do abismo, para servir como apoio e para iluminar.

O que é a morte? Qual é a influência de Plutão? Atravessar as fases iniciais do caminho esotérico é uma experiência de dissolução, de libertação de tudo aquilo que age como barreira de limitação à alma que habita dentro da pessoa. Para o esotérico, a morte é uma passagem para a vida; e para a consciência da alma, o que chamamos vida no mundo das aparências é apenas a morte. A consciência da alma é o nível de consciência onde "nada é separado", um sentimento-experiência de unidade e totalidade, e "elevar-se" ou "cair" para esse nível é um objetivo dos ocultistas e místicos. Somente o processo da morte na vida será considerado; não se propõe entrar aqui em qualquer especulação sobre experiências pós-morte física. Tal especulação não é realmente produtiva, mas um maior *insight* sobre o processo durante a vida pode ser útil.

Existe um *koan* zen mencionado em um capítulo anterior, que resume minha atitude adequadamente: "Se você não for iluminado nesta vida, então em qual vida pretende ser?".

Plutão é o regente de Escorpião, o signo tradicional da morte e do renascimento, em que o velho é dissolvido na hora marcada ou no fim de seu ciclo natural. Aquilo que não é mais necessário ou capaz de satisfa-

158

zer um objetivo básico é liberado, a fim de que uma forma potencialmente mais apropriada incorpore a semente criativa. Desde o nascimento, a vida se move ao longo de passos diários em direção à morte final, e, depois que o corpo alcançar o auge físico da idade adulta, começa uma espiral descendente progressiva em direção à velhice e gradual degeneração e perda do funcionamento completo, até que as linhas de vida são cortadas e ocorre a morte física.

Tão identificados nos tornamos com nossas formas físicas que esse processo é difícil de aceitar, especialmente no Ocidente, durante o atual período materialista. Mas, estranhamente, nossa consciência de consumidores da necessidade/desejo perpétuos e da eterna substituição por "novos e melhores" modelos reflete esse processo natural em ação, ainda que nunca seja aplicado a nós mesmos! Sempre a busca por novas e mais eficientes máquinas para substituir modelos obsoletos, a mudança de casas, roupas, decoração, carro etc. — tudo faz com que a nossa sociedade seja economicamente viável e incorpore uma atitude à qual a sociedade tende a condicionar seus membros: "Substitua por meio do desejo, substitua por meio da degeneração natural". Uma vez que algo tenha perdido sua utilidade, jogue fora, compre outro. A vida e a evolução natural parecem agir sob um princípio criativo semelhante, ao qual individualmente nos opomos.

O problema é que dentro da consciência nós nos separamos do mundo natural; não nos vemos verdadeiramente como parte da natureza — daí a tendência da humanidade a tentar conquistar as forças da natureza — e, portanto, resistimos a aceitar que nós também somos parte desse processo criador que está ocorrendo, que somos um florescimento natural da vida, um florescimento que tem uma duração individual temporária: uma emergência natural e uma decadência e desaparecimento naturais. Certamente, uma renovação nos ritmos naturais e reintegração na consciência de nossas raízes essenciais na natureza seriam de grande valor para nossa sociedade, permitindo que as pessoas sintam mais uma vez uma interdependência intrínseca com o mundo, em vez de continuarem andando em direção ao isolamento alienante e separatista que a tendência contemporânea está criando.

A face escura de Plutão é a do Deus da Morte, o destruidor da forma restritiva, e ele pode ser percebido mais positivamente em sua capacitação de Deus da Libertação. Entretanto, uma percepção tão iluminadora só pode ser completamente compreendida por aqueles que encontraram a face escura diretamente. Entrar no abismo negro interior é o caminho da luz, o ponto de luz brilhando na escuridão. O uso da escuridão, tanto interna quanto externa, é tradicional no processo de iniciação, desde o conceito de uma cegueira oculta imposta de dentro sobre a consciência do aspirante, até o uso da escuridão ambiente através da qual o aspirante deve passar para encontrar a luz da câmara escondida nos mistérios egípcios. Lá, num ponto crucial no progresso daquele que busca através do labirinto iniciador e piramidal, alguém lhe sussurra no escuro: "Osíris é um deus negro..."; o que, a não ser que compreendido corretamente, não é o que ele realmente quer ouvir, especialmente porque acredita que Osíris é um Deus da Luz.

Insight espiritual direto, *satori*, iluminação, *samadhi*, a abertura dos *chakras* ou a elevação do fogo da serpente *kundalini*, estão quase sempre associados ao "choque" de alguma forma. A iniciação pelo ritual é freqüentemente baseada no princípio da criação de um elevado estado de consciência excitada de antecipação no iniciante (por várias técnicas, incluindo drogas e álcool), que é então "chocado ou atordoado", a saltar para um novo nível ou dimensão mental pela comunicação de uma revelação ou conscientização interna que preenche a mente com o significado e a compreensão dos segredos ocultos, ou paralisa completamente seu funcionamento normal, criando um espaço no qual ocorre um colapso interno de ilusões e aparências.

Plutão destrói todas as velhas estruturas de pensamento, as gastas e limitantes idéias, ideais, convicções, conceitos de si próprio, relacionamentos apagados; tudo aquilo que reprima a destinada emergência do novo espírito, da nova vida. Ele age como um cronômetro para a perpétua criatividade da Terra, refletindo a promessa da "vida mais abundantemente" num ciclo universalmente impessoal. O que é tão perturbador no impacto de Plutão sobre as pessoas é a inexorabilidade de sua influência, o fato de que na verdade não há nada que possa ser feito para resistir ao processo de desintegração. É uma situação sem possibilidade de vitória, e manter tais apoios internos pessoais, uma vez que Plutão tenha começado a desenredar e dissolver as fundações nas quais eles se apóiam, é uma tarefa impossível. Entretanto, é isso o que as pessoas tentam fazer; há pouca consciência, em nossa sociedade, da transformação e mudança natural, e, portanto, o ataque de tal processo interno é vivenciado com temor e como uma ameaça a ser combatida, em vez de ser olhado como um movimento interior que pressagia o crescimento positivo e maior apreciação e experiência de vida.

A sociedade favorece a fixidez, a estabilidade e a previsibilidade; cria um condicionamento social que ajuda a impor uma atmosfera social e cultural de conformismo, de limitações no âmbito do pensamento e exploração pessoal permissíveis. Seja qual for a sociedade em que viva, desde o nascimento e condicionamento familiar, através da programação escolar, religiosa e social, a pessoa fica restrita a uma rota que se destina a criar um membro da sociedade, um preservador do *status quo*. Nós todos somos resultados desse processo, e ele tem resultados tanto negativos quanto positivos; até certo ponto, ele nos ajuda a viver juntos e a continuar a espécie, entretanto também limita a liberdade pessoal e inibe o desenvolvimento e o crescimento interior, porque esses afastam a pessoa da mentalidade de "rebanho", e isso é considerado perigoso para o coletivo.

160

Nosso senso de identidade pessoal está entrelaçado com esse condicionamento, nossa forma nacional de programação emocional e mental. Nossos pensamentos, emoções e crenças são vistos como parte integral de nossa identidade separada; e, efetivamente, nós somos nossos pensamentos, emoções e crenças, já que acreditamos que não podemos ser alienados deles sem deixar de existir. Mas será mesmo esse o caso? Perder todos esses programas associados a uma consciência pessoal é como uma morte; a morte de uma personalidade velha, e é precisamente isso que Plutão tenta provocar nas pessoas. São também esses programas de separação, de crenças e ideologias de indivíduos/minorias que constituem a principal fonte dos problemas do mundo, as guerras feitas para apoiar uma crença grupal, problemas sociais raciais, conflitos religiosos, a violação do meio ambiente natural pela ganância econômica. Plutão destrói a fim de trazer a libertação e a liberdade, e, como Lúcifer, é um grande Iluminador; nós, em nome da liberdade, destruímos para impor ao mundo nosso limitado e separado ponto de vista. Quanto mais pessoas conseguimos convencer a compartilhar nossas opiniões e convicções, mais provas temos de que estamos certos. O tema do evangelizador e do político. Plutão é anárquico; ele liberta a pessoa para torná-la mais real, mais ela mesma, para ser livre sob sua própria luz. A influência de Plutão aterroriza as pessoas; o confronto traz a morte, e é muito mais fácil fugir do encontro e manter o presente programa de condicionamento. Mas não há escapatória desse deus, cada dia leva todos para mais perto do encontro.

A resistência à influência natural de Plutão, à contínua mudança e transformação de auto-imagens, crenças, ideologias fixas torna-se uma luta, um campo de conflito, uma repressão. Nós nos identificamos intimamente demais com crenças e pensamentos pessoais, julgando virtualmente impossível percebermo-nos sem referência a papéis como marido/mulher, pai/mãe, trabalhador, membro dessa tendência política/religiosa etc. Quando Plutão corrói a partir de dentro esses papéis, estimulando mudanças através de trânsitos e progressões, entramos em pânico, não sabemos o que está ocorrendo ou como lidar com isso de forma criativa e positivamente cooperativa; tudo o que sentimos é o vento gelado da morte iminente e dissolução de alguma coisa interior com a qual nos identificamos intimamente. Plutão é um mestre duro e cruel, e não faz prisioneiros, entretanto, se trabalharmos com essa energia, ao invés de tentarmos opor-nos ao seu processo, encontramos o caminho para uma vida maior.

PLUTÃO E O SISTEMA DOS SETE RAIOS

O sistema oculto que está fundamentado no conceito de Sete Raios principais de energia, que constroem e condicionam o ser humano e o universo no qual ele se encontra, foi introduzido no Ocidente por Madame Blavatsky e os teosofistas depois de 1875. Das páginas dos livros obscurecidos de Blavatsky, *Ísis Revelada* e *A Doutrina Secreta*, até a série mais largamente ampliada dos livros encaminhados por Alice Bailey sob a égide hierárquica do Mestre Tibetano, o sistema oculto dos Sete Raios desempenhou um papel central no desenvolvimento da publicação de antigos ensinamentos da escola de mistérios. Essa é certamente uma respeitada e influente fonte de informação esotérica, e os contatos interiores a partir dos quais um caminho oculto iniciador pode ser seguido ainda estão vibrantemente ativos hoje, acolhendo a todos os candidatos adequados que os abordem.

Os escritos de Bailey se constituem de mais de vinte livros, portanto aqui não se propõe oferecer uma análise profunda de sua sabedoria esotérica, mas seria esclarecedor considerar a associação do 1º Raio com Plutão.

O 1º Raio é a energia da Vontade e do Poder, e também está ligado ao signo tradicional da morte e do renascimento, que é Escorpião, regido por Plutão. A energia desse raio é uma grande desintegradora e destruidora de todas as formas e espécies de vida manifestadas no fim do ciclo vital, seja em níveis microcósmicos ou macrocósmicos de existência, incluindo planetas, sóis e sistemas solares.

Há vários conceitos-chave que são características perceptíveis tanto de Plutão quanto do 1º Raio, e sinto que a qualidade da energia que emana deles é extremamemtne semelhante quando contatada por alguém que tenha uma estrutura interior responsiva compatível de corpo e psique. Essas qualidades são freqüentemente impulsos compulsivos, padrões dominantes de comportamento expressos interna ou externamente, e incluem temas de vontade e poder, autoritarismo, dominação, soberania e liderança, desejo de controlar, destruição, perturbação, transformação, dissolução de obstáculos, e morte de pensamento, emoções e formas limitantes. Esses indicam a orientação social básica de Plutão, tanto em sua expressão mais potencialmente prejudicial e negativa pelo uso egoísta da energia, quanto em seu ímpeto de estimular a crise interior e oferecer o potencial para o renascimento e a ressurreição pessoal. Toda a liberação de poder, independentemente de sua natureza, tem efeitos tanto positivos quanto negativos; até agora, nós testemunhamos seus efeitos mais negativos no mundo, mas isso é apenas um prelúdio para vermos sua face positiva iluminada através da visão planetária e de indivíduos que sejam capazes de incorporar e usar essa energia criativa para o bem da humanidade.

Neste momento, Plutão é a energia planetária dominante no mundo, fortemente apoiada por Urano e Netuno. Isso porque as influências das energias transpessoais afetam a vida da alma mais do que a da personalidade, e é o nível unitivo da consciência que está nascendo na Terra presentemente, para agir como um caminho que conduz para a Era de Aquário. Esses três planetas são descobertas relativamente recentes na astronomia — nos últimos duzentos anos — e o ensinamento esotérico afirma que até que a humanidade se torne capaz de responder às energias que planetas específicos simbolizam e transmitem, eles permanecerão sem ser descobertos — o que ocorreu com o descobrimento do homem sobre Plutão até o princípio deste século.

A influência do 1º Raio mediada por Plutão não pode ser vivenciada de forma positiva enquanto o indivíduo receptor não estiver trilhando o "Caminho do Discipulado"; basicamente ela é poderosa demais para ser usada corretamente por qualquer pessoa que não seja sensível à "alma espiritual", servindo apenas para ampliar tendências mais separatistas e egoístas de poder e engrandecimento.

É somente neste século que uma potência mais forte da energia do 1º Raio é vivenciada pela humanidade, desde a confirmação de Plutão, e seu impacto inicial foi apreendido e aplicado via Alemanha para uma crise planetária em escala mundial. A humanidade se aproxima de um estágio em sua evolução em que se tornará um "discípulo do mundo", e muitos estão chegando ao ponto em suas vidas de serem "discípulos estagiários" ou ao "caminho de tentar encontrar o caminho", procurando o significado, o sentido, a compreensão e direção da vida em suas vidas internas. Daí a erupção, durante os últimos vinte e cinco anos, de uma profusão de caminhos espirituais para aqueles que buscam.

Plutão é o guardião das portas de iniciação, e rege Escorpião, o signo do discipulado; evoca a resposta apropriada daqueles grupos de discípulos que tenham evoluído o suficiente para serem capazes de reagir positiva e criativamente. Como parte de sua função, eles têm a tarefa de trazer essa energia de Plutão — 1º Raio até os níveis mentais e emocionais da humanidade, irradiando a energia em dissolução que lentamente desfaz as formas cristalizadas e arraigadas da humanidade, enquanto transmite uma visão planetária que oferece uma nova direção a tomar.

É em direção à crucial 1ª iniciação que a humanidade está sendo guiada, o "entrar na corrente" budista, o esotérico "nascimento do Cristo na caverna do coração". Nesse ponto, a consciência da alma atravessa para a atônita mente consciente do candidato, a unidade é vivenciada e a vida espiritual torna-se uma realidade permanente pelo resto da vida desse indivíduo. É um poderoso despertar, o pico de uma consciência de energia expandida que é o máximo que uma pessoa pode suportar nesse estágio de evolução. É uma entrada para a irmandade de discípulos e iniciados do mundo esotérico, todos servindo de sementes vivas para a evolução da humanidade, ancorando energias transformadoras em todos os níveis da vida planetária.

Essa 1ª iniciação é provavelmente a mais difícil de alcançar para a maioria das pessoas, porque é primeiramente um passo para o desconhecido, um salto no abismo. Uma iniciação verdadeira nunca termina, mas é somente o começo de um novo modo de vida, e evidentemente inegável para aqueles que verdadeiramente vivenciaram a abertura da porta; que, como a porta na pintura de Holman Hunt, *Luz do mundo*, só se abre de dentro.

Plutão está associado ao funcionamento em conexão com a área do plexo solar no corpo, o que é interessante, já que, de acordo com o sistema esotérico dos centros de energia interna, os *chakras*, a 1ª iniciação envolve a transferência do foco de energia do *chakra* do plexo solar para o do centro do coração. Essa transferência de energia para o centro mais elevado corresponde à expansão inicial da consciência que dissolve o egoísmo limitado; é a morte de uma ilusão, a do eu-ego-mente separado, e o indivíduo renasce (o "nascido duas vezes" hindu) e emerge com um estado de consciência expandido e orientado universalmente, quando a natureza intrínseca verdadeira desabrocha e se revela. O "véu" fundamental que separa o indivíduo, a realidade e a verdade é dissolvido. Isso demonstra o aspecto destruidor de Plutão e do 1º Raio, que também destrói a morte, quando se vê que o conceito humano é parte da Grande Ilusão, uma fantasia de imaginação da mente, e que, na realidade, tal coisa não existe, além da destruição de limitações presumidas.

Em *Astrologia esotérica*, de Alice Bailey, Plutão é descrito "ativando-se na vida do homem que se torna ativo no sentido mais elevado, sua natureza inferior passa para a fumaça e escuridão de Plutão, que governa o solo inferior em chamas, para que o homem possa viver na verdade na terra mais elevada da luz". Nessa 1ª iniciação, o aspirante precisa suportar o poder de destruição e dissolução de Plutão, que, por meio da busca interior ou sob a pressão de "eventos externos", criou uma drástica auto-reavaliação e um despojamento das fundações internas pessoais. Essa é uma fase difícil de passar pela crise, enquanto ocorre o processo de cristalização, e Plutão parece estar revolvendo com violência a mente inconsciente, e a confusão reina enquanto os conteúdos são atraídos para a mente consciente, com freqüência criando ainda mais conflito ao se chocarem ou ao exigirem resoluções. A tensão preparatória pode ser extrema, até mesmo evocando colapsos psíquicos ou físicos, quando a crise de transformação se aproxima do clímax, um verdadeiro momento de mudança na vida, um renascimento da Fênix.

O poder destruidor do 1º Raio, focalizado através de Plutão, traz mudança, escuridão, morte e ressurreição, e a transformação resultante é catártica. Na 1ª iniciação, a "flecha de deus perfura o coração e a morte acontece", e "o Antigo não mais é visto. Ele mergulha nas profundezas do oceano da vida; ele desce ao inferno, mas as portas do inferno não o prendem. Ele, o Novo e Vivo, deixa lá embaixo aquilo que o havia prendido através dos tempos e sobe das profundezas para as alturas, perto do trono de Deus".

Para o aspirante, o poder destruidor da morte, focalizado através de Plutão, serve para estilhaçar a dicotomia dualística dos pares de opostos, interno e externo, subjetivo e objetivo, claro e escuro, bem e mal, masculino e feminino, morte e vida. Esse é o efeito da visão da transcendência, o estado de reconciliação dos opostos dentro da consciência, quebrando o feitiço humano, antigo como o tempo.

A continuação do caminho iniciador é um amadurecimento progressivo dessa iluminação fundamental, é um aprender a viver com e usar corretamente o novo nível de consciência e energias disponíveis ao novo discípulo iniciado. Deve sempre ser lembrado que a intenção da energia de Plutão é apenas liberar a energia vital interna de formas que se tornaram restritivas e inimigas da progressiva expressão da potencialidade; o aspecto da consciência nunca é destruído. A energia liberada então "espera" sua absorção dentro de formas apropriadas recentemente criadas, onde é possível a capacidade para um funcionamento mais claro e efetivo, semelhante à atitude pela qual você não põe vinho novo em garrafas velhas.

Além de reger (por meio de Escorpião) o grupo de discípulos, Plutão rege também a massa da humanidade e suas criações de sociedade, cultura e civilizações. A história mostra de forma vívida e clara o fato de que todas as sociedades têm um ciclo de ascensão e queda, um tempo de nascer e um tempo de morrer, e elas basicamente refletem os estágios tradicionais da vida humana individual ainda que por um período de tempo muito mais extenso. Apesar disso, nós nunca consideramos que nossa civilização ocidental também seja parte desse processo, apesar de termos entrado agora numa fase de transição no ciclo, onde um mundo desunido se desintegrará em confusão, mas um mundo direcionando seus esforços para a união planetária dará um salto para um novo futuro.

A qualidade da Fênix simboliza para Plutão um triunfo sobre a morte, onde ela é um fim real, ainda que na verdade seja um novo começo de uma nova vida fundada sobre as cinzas da antiga. Todos os grandes progressos das sociedades através dos tempos estão sujeitos a esse processo imutável. Desde o declínio de religiões, quando elas se tornam inadequadas para vitalizar e satisfazer necessidades espirituais internas das pessoas, até a educação, que não conseque liberar o potencial criativo das pessoas, e até a trindade governo-política-economia, que não consegue servir todas as pessoas baseando-se em ideologias não-inclusivas — todas essas forças socialmente condicionadoras são passíveis de se degenerar depois que seu ponto culminante de eficiência foi atingido, e a sociedade começa a se desintegrar quando essas fundações desmoronam. Os velhos deuses morrem em conflito e crise, e o resultado de Ragnarok — como esse momento de crise é dominado nos mitos nórdicos — é a emergência dos novos deuses com a visão da terra prometida.

O 1º Raio é o impulso de energia para o direcionamento social e político, e seu impacto aumenta lentamente em direção a uma nova forma de política, e está ligado com a ênfase de Plutão no envolvimento social, e ao tema de sua direção no presente ciclo de trânsitos. Mesmo hoje, existem diversas figuras políticas internacionais que estão reagindo a essa energia, mas infelizmente estão distorcendo seu verdadeiro objetivo nos espelhos deformadores de suas próprias mentes. Entretanto, poder-se-ia dizer que estão servindo como destruidores e agentes de separação (apesar de suas próprias pretensões), e seu verdadeiro efeito é estimular outros a começar a ver as coisas mais em termos de uma unificação inclusiva e a construir um novo caminho. A evolução e implicações dessa energia fluindo para canais políticos serão consideradas em maiores detalhes no capítulo 8.

Dane Rudhyar sugere que na fase em que Plutão está mais perto da Terra e dentro da órbita de Netuno (1989-1991), uma nova "semeadura e fertilização" ocorrerá. Plutão está em Escorpião, e diversos planetas, como Vênus (esotericamente o *alter ego* da Terra), Saturno (Professor, Sombra, Habitante do Limiar), Urano (O que Traz a Luz, Iluminador da Mente, Regente de Aquário) e Netuno (Visões Místicas, Ilusões) estão reunidos no signo de Capricórnio. Como Capricórnio está associado ao tradicional signo de nascimento do Cristo e a imagem do cabrito subindo a montanha, há uma indicação de alguma forma de atividade iniciadora iminente. A implicação é que, seja durante essa época de semeadura ou em alguma época antes da mudança do século, ocorrerão eventos mundiais de grande importância. Embora isso seja iminente, a natureza de tais eventos e o nível no qual ocorrerem será provavelmente indeterminado. É de se esperar, entretanto, que alguma forma de morte-renascimento aconteça, uma confrontação ou reconhecimento da sombra da humanidade, e um grau maior de luz seja liberado no mundo como resultado; eu esperaria alguma manifestação física dessa fertilização ou um símbolo físico de sua ocorrência e implicações por volta desse período, mas exatamente o que, eu não gostaria de sugerir.

Uma semente precisa entrar debaixo da superfície da terra, gestar no mundo inferior da escuridão, morrer como semente, antes de poder emergir na luz do dia como uma flor para ser vista por todos os que passam por ela na estação marcada.

CAPÍTULO 8

O Desafio da Visão Transpessoal

Dizem que "sem visão, as pessoas perecem". A questão é: a humanidade tem uma visão, um objetivo direcionador pelo qual o homem luta? Essa é uma pergunta que precisa ser feita a cada indivíduo e ao coletivo social, pois na resposta está o futuro da humanidade.

Estamos enfrentando o terrível desafio de uma encruzilhada histórica para a sociedade contemporânea mundial. Com certeza, não podemos ficar parados nesse ponto ou voltar ao passado; temos de fazer a escolha consciente do caminho a ser tomado, de qual será a melhor rota para o futuro. Onde, de fato, queremos ir e em que tipo de mundo ideal queremos viver? Que progresso podemos fazer em benefício das gerações futuras, de nossos filhos e dos filhos de nossos filhos?

É uma época de crise, um período de decisões, um ponto crítico que precede a mudança. Poderíamos continuar como estamos, recusando-nos a reconhecer que há uma insistente necessidade interior de mudança, crescimento e novos objetivos; lutar para manter as aparências de que tudo ainda está bem e sabemos o que estamos fazendo. Porém, se olharmos ao nosso redor, vemos que há muitos problemas que decidimos ignorar ou deixar para lidar com eles mais tarde porque o desafio para solucioná-los parece muito grande ou um passo muito radical. O problema mundial é uma versão ampliada da atitude individual em áreas difíceis na vida. Geralmente, as ignoramos na esperança de que passem, evitando o encontro direto e o duro trabalho de resolvê-las. Apesar disso, esses problemas não vão embora, apenas reaparecem sob outro disfarce ou se tornam mais insistentes, a ponto de destruir as fundações da vida humana se persistir uma atitude de negação.

Na visão de mundo astrológica, estamos passando por um período crucial de transição entre eras zodiacais, passando da Era de Peixes para a Era de Aquário. Como isso ocorre a cada dois mil anos, nenhum de nós que está vivo hoje sabe realmente o que aconteceu na transição anterior — por exemplo, na última mudança de era, Cristo surgiu no mundo e entrou para a História — e, especialmente nos últimos duzentos anos, foram descobertos três novos planetas — Urano, Netuno e Plutão — que refletem energias extremamente poderosas.

O surgimento de Plutão neste século é um símbolo importante, um arauto que anuncia o fim dos tempos e o nascimento de um novo ciclo. Duas reações humanas opostas mas complementares a essa penetração de Plutão no mundo da superfície são a ligação com o poder liberado pela fissão atômica e o plutônio físico radioativo, que é destrutivo para os seres humanos, e o desenvolvimento da psicologia profunda, iniciado por Jung e sua exploração do mundo inferior da psique humana, buscando curar e reintegrar os fatores conflitantes.

Isso parece ser uma conclusão do desafio encarado pela humanidade, as duas direções que ela deve escolher. A direção exterior, que pode levar à destruição pela ignorância e pela falta de autocompreensão, e o caminho interior, que leva à cura e à autocompreensão, que podem ser aplicadas para melhorar a qualidade da vida coletiva. A escolha parece óbvia, mas a natureza humana tende a buscar seus próprios desejos e delegar o poder social a pessoas inadequadas, que muitas vezes tropeçam em sua própria confusão.

No Ocidente, o modo de vida tradicional que foi desenvolvido na maioria das sociedades modernas baseadas no consumismo explorador, no capitalismo e em crenças e posturas judaico-cristãs está mostrando sinais de grande tensão. Certamente, poderá sobreviver por mais algum tempo, especialmente pelo impulso que estabeleceu e pelo apoio de pessoas que conseguem criar poucas alternativas. Porém, as sementes da destruição que estavam dormentes sofreram forte estímulo com a entrada em cena do deus Plutão. A corrente evolucionária requer liberação e as formas e estruturas inibidoras que restringem a vida do espírito interior que estava preso não poderão conter seu poder para sempre.

Historicamente, culturas, civilizações e sociedades declinam e são destruídas quando a "vida interior" que as vitaliza é retirada para renascer em novas formas. Não há razão para supor que esse processo não ocorra conosco, além das crenças egoístas. As atitudes e crenças motivadoras do Ocidente são inadequadas para o novo mundo que já está presente e que nos rodeia; o paradigma de um novo mundo é essencial. Estamos diante do potencial da desintegração social ou mesmo algo pior, uma guerra mundial nuclear. Para sobreviver a esses perigos é necessária uma metanóia mundial, uma mudança mundial de mentalidade capaz de renovar a sociedade para evitar um colapso social. A intensidade de dor que esse processo pode trazer depende de nós, e talvez, de um ponto de vista pessimista, parece que será muito difícil.

Hoje, através do mundo, ouvem-se os sons do conflito entre as forças da inércia, representadas por sistemas políticosociais e posturas sociais tradicionais, e as que respondem à vibração da evolução; um choque de ideologias e crenças religiosas. O surgimento de atitudes reacionárias como o fundamentalismo político e religioso, que buscam inspiração no passado, negam qualquer oportunidade de progresso. Porém, os que aderem à energia da inércia têm muito poder social, muito mais do que os que buscam incorporar as novas idéias. Na mente coletiva, há muito medo e ansiedade pelo futuro que estamos criando para nós mesmos. Como evitar o caminho para a tragédia?

Ao considerar o mundo neste momento, a mente sensível vê principalmente um mundo sem um sentido de direção comum, com choque de objetivos nacionais ao nível internacional e, nacionalmente, grupos opostos lutando pelo poder. O sofrimento é comum, especialmente nos países do Terceiro Mundo. Esse sofrimento poderia ser aliviado se o mundo se unisse ou redirecionasse seu dinheiro para projetos de benefício social em vez de colocá-lo em canais potencialmente destrutivos. Poderse-ia obter considerável progresso para melhorar a qualidade de vida de milhões de pessoas com o conhecimento e a tecnologia atuais, principalmente nos aspectos fundamentais da vida civilizada, como alimentação adequada, habitação, saúde, vestuário etc. Entretanto, a vontade do mundo não está totalmente alinhada com a intenção de atingir esses objetivos. Mesmo na maioria dos países que sofrem, a elite governante muitas vezes parece mais interessada em comprar armas e desenvolver as forças militares do que alimentar seu próprio povo.

Através das redes mundiais de meios de comunicação de massa e do olho da televisão sobre o mundo, não podemos mais ignorar o estado em que o mundo se encontra. Com certo grau de precisão, temos conhecimento de eventos mundiais pelas reportagens diárias. O mundo "encolheuse" até caber dentro de nossa sala de estar. O antigo isolamento e a ignorância foram desfeitos durante este século, mas as atitudes permanecem paroquiais em vez de se tornarem universais. É necessária uma expansão dos parâmetros da mente humana para que possamos entender a revelação do mundo que aparece na fronteira da consciência.

O crescente fluxo de luz aquariana na mente humana também está iluminando a natureza e a extensão da escuridão no homem e no mundo. Por isso, os problemas do mundo aparecem claramente, forçandonos a pensar como lidar com eles. A ascensão de Plutão oferece a energia do renascimento transformador e age como estímulo para o uso negativo e positivo das poderosas energias que varrem a mente do planeta. Tudo emerge à superfície, velhos e novos padrões, tendências reprimidas, atitudes agoístas e despojadas, semelhante ao processo que ocorre dentro do indivíduo que está ativando uma resposta de seu próprio inconsciente. Se uma pessoa busca a luz através da meditação, por exemplo, no início apenas encontra sua própria escuridão e resistência interior que bloqueiam o progresso. Precisamos lembrar-nos de que a luz está sempre presente, mesmo que nossa cegueira pareça oferecer apenas a escuridão.

Plutão age como mediador para a nova direção da Era de Aquário, oferecendo um caminho para a cura e a integração do mundo a ser escolhido pela humanidade, individual e coletivamente. Está surgindo na consciência mundial uma nova visão arquetípica apropriada para o renascimento mundial, para inaugurar uma reorientação da mente humana das visões dualistas para visõés mais unitárias. Isso é baseado na necessidade de uma redefinição realista, evocativa do que é o homem, de qual é sua relação com seus iguais, seu mundo e seu universo. Qual é sua função e sua tarefa na vida? Se as teorias da evolução progressiva são válidas, para que objetivo está evoluindo esse ciclo da mente-corpo?

Podemos ter desenvolvido nosso intelecto o suficiente para quebrar a ligação da estrutura atômica e para sermos dominantes o suficiente para impor nossa vontade sobre um ambiente relativamente passivo, mas temos pouca idéia dos objetivos a longo prazo, além da acumulação de mísseis nucleares que brandimos como ameaças de destruição em massa ou pela violação do mundo natural para obter lucro a curto prazo para uma elite rica. É esse o mundo pelo qual lutamos para evoluir?

Sem uma nova compreensão do homem que se infiltre rapidamente na sociedade pela educação, religião e política e que seja absorvida corretamente pela cultura, veremos em seguida que nosso conhecimento científico nos levará a dificuldades sociais ainda maiores. O conhecimento do homem está aumentando tão rápido que as implicações das descobertas estão sendo deixadas para trás. Não estamos conseguindo integrá-las na consciência. Mesmo o trabalho de Einstein sobre a relatividade e a exploração da física quântica não está integrado na sociedade a um nível intelectual acessível a todos, porque os conceitos sacodem os preceitos sociais e desafiam nossa visão de mundo. A engenharia genética, através de embriões humanos e animais, está rapidamente se expandindo em áreas que são socialmente significativas e que podem voltar a enfatizar o conceito de "super-raça".

Nossos poderes são quase divinos, como a capacidade de destruir a vida, de mudar ou mutar espécies, de manipular realidades e o ambiente. Todavia, não possuímos o autoconhecimento essencial para lidar com o poder de maneira segura e responsável. Não temos uma visão ampla e direção abrangente para poder guiar tais avanços num contexto evolucionário. O desafio social pode ser visto claramente, a Fênix de Plutão é a luz que surge, e uma tentativa de estabelecê-la mais claramente na consciência do mundo é essencial para a segurança e bem-estar futuros.

A genética explora a estrutura celular básica da forma humana, e um de seus achados é bastante sugestivo, pois na fonte da vida a unidade é a essência. O ovo fertilizado é uma célula, que por meio do processo de mitose divide-se repetidamente criando milhões de células humanas que formam o corpo. Cada célula possui em seu núcleo um padrão de código genético que determina a natureza essencial da forma, seu padrão de desenvolvimento e seu futuro, como uma satisfação do impulso original. O padrão genético é como um arquétipo do homem, presente em cada ser humano, contendo todo o padrão evolucionário do desenvolvimento futuro; um estado de alfa para ômega. Como o cérebro físico, no qual apenas uma fração de seu potencial é utilizada até agora, o código genético também contém muitos padrões que ainda não estão operantes no homem, ou, na melhor das hipóteses, apenas parcialmente, numa minoria avançada.

Voltando à nossa essência, vemos que o padrão arquetípico do homem é a unidade, um ponto alfa de inconsciência oculta feito para levar ao ponto ômega de consciência ativa. Num sentido existencialista, a humanidade é "uma" em seu núcleo, mas na esfera sociocultural estamos hoje numa fase de ser "muitos", refletindo não o estado de unidade inicial ou final de "um corpo", mas a fase intermediária da divisão e multiplicidade. Esse é o padrão que a individualidade exclusiva cria da ilusão de segmentação. O *koan* zen "Se os dez mil forem reduzidos ao um, a que ficará reduzido o um?" pode lançar alguma luz no processo.

Como vimos, a ciência está explorando campos nos quais os códigos genéticos e estruturas atômicas se dissolvem numa causa original. Entretanto, é a consciência que deve ser o explorador ativo, o pesquisador. É essa consciência humana que também pode experimentar a unidade essencial da vida, a unanimidade consciente de "uma alma", o ponto ômega, retirar a humanidade do estado de desunião e fragmentação para uma nova "multiunidade", uma unidade subjacente dentro da aparente diversidade, para ajudar a construir um novo tipo de vida social coletiva. A influência de Plutão ajudará a nos despirmos de nossas ilusões, revelando o estado onipresente, mas que é perdido por ser visto de uma perspectiva falsa. Precisamos perceber que a verdade descoberta pelos biólogos nos níveis microcósmicos de nosso código genético é aquela encontrada quando o pesquisador da consciência mergulha em suas próprias profundezas interiores, os símbolos arquetípicos e os padrões de unidade intrínseca, e então aplica essas descobertas na construção de uma nova civilização global orientada para o universo.

De muitas formas, é uma ressurreição de um antigo padrão que busca renascer no mundo, uma reformulação da Sabedoria Infinita procurando canais mais amplos para ressurgir. Por ser um padrão evolucionário tão fundamental, aponta seu dedo para o ideal mais elevado da humanidade, e todas as verdadeiras irmandades ocultas dedicam-se a atingir esse objetivo ômega. Servem como agentes e liberam canais para uma visão mundial unificada. Pode ser considerado utópico o antigo sonho de uma Era de Ouro, de um paraíso de abundância sobre a Terra, e talvez seja descartado como uma busca perdida por algo que nunca encontraremos. Por que então nos esforçarmos?

Há uma grande necessidade de sonhar grandes sonhos, de encontrar idéias e crenças que dêem significado e propósito à vida, de indicar uma tarefa, uma função importante, que todos os esforços possam ajudar a completar; e o que é mais apropriado que seguir um caminho refletido pela essência de nosso próprio ser? Uma tarefa que talvez não possa ser terminada, mas que certamente oferece o potencial para um considerável progresso para o planeta.

Uma expressão dessa visão planetária emergente pode ser formulada nesta afirmação: "Deus Uno, Mundo Uno, Humanidade Una". Essa é uma fórmula de síntese e abrangência, que dá a chave para o templo de uma nova cultura e civilização ainda por nascer. Essa civilização poderá indicar o desenvolvimento de maior maturidade para a humanidade. Os ciclos atuais e futuros de Plutão são dedicados a isso.

Idéias universais incorporadas numa fórmula são como sementes vivas da mente, podem com facilidade tornar-se tão eficientes quanto "palavras mágicas de poder" se forem aceitas como sementes mentais mântricas e unificadoras para os sentimentos e respostas de todos aqueles que são tocados pela visão. Podem agir como símbolos interiores vitalizados para uma cultura, refletindo a direção e a ordem de um nascimento futuro e um padrão arquetípico oculto esperando ser revelado. É o arauto do futuro, mas também uma lembrança do que já existe no presente e do que não foi reconhecido no passado.

O período desde a Segunda Guerra Mundial viu o desenvolvimento de muitos esforços para construir um novo Estado global, para atingir o progresso à luz da visão essencial abrangente. O sucesso foi variado, mas está claro que devemos todos mover-nos nessa direção ou perecer. No mundo de hoje, no Ocidente e no Oriente, há um número cada vez maior de pessoas responsáveis e socialmente conscientes que sabe que há uma necessidade urgente de descobrir uma nova abordagem para obter paz mundial, liberdade e progresso a fim de melhorar a qualidade de vida para todos, independentemente de raça, cor ou credo. Dentro de muitos grupos ou sozinhas, essas pessoas representam uma atitude de coração e mente que reconhece que é possível viver de maneira mais decente e harmoniosa, e buscam dissolver as falsas barreiras que separam as pessoas, as nações. A essência de sua visão e de seu *insight* intuitivo está contida nesse novo ideal universal transcendente, que serve como ponte entre diferentes nações, maneiras de vida e ideologias. A concepção "Deus Uno, Mundo Uno, Humanidade Una" claramente indica uma direção para todos e para os líderes nacionais seguirem neste período de transição e perigo.

O mundo está em crise, sofrendo as dores do parto do nascimento de uma nova sociedade mundial, e as tensões internacionais levarão a uma imensa destruição se permitirmos que diferenças de ideologia levem à agressão e ao conflito. Não queremos um natimorto em nossas mãos depois de todo o esforço: queremos um parto saudável para benefício de todos. Essa visão ajudará o mundo a passar para o próximo milênio, progredindo do ideal comunista da fraternidade universal e do ideal democrático dos direitos e liberdades individuais para uma nova proposta baseada em atitudes universais que estão além das ideologias separatistas.

"Deus Uno" reconhece a fonte oculta da vida, a coesão inteligente e a ordem planejada do universo. A Mente/Vida cósmica que é reconhecida pelas religiões do mundo e denominada "Deus". Esse não é o deus de cada religião individual e antagônica, mas uma transcendência mais elevada de toda auto-afirmação separatista e dogmática de cada religião que sustenta ser a única verdadeira. Essa transcendência é o reconhecimento da unanimidade da alma única da humanidade, e a base da cooperação é encontrada no reconhecimento da realidade espiritual da vida. Essa compreensão mais abrangente de "Deus" terá espaço para interpretações diferentes e desgastará as religiões sectárias até sua queda. O impacto provável será dissolver agrupamentos religiosos formais, substituindo-os por associações de indivíduos em grupos fundados no alinhamento pessoal com essa realidade e, portanto, não dependentes de estruturas exteriores e sacerdotes mediadores.

"Mundo Uno" é o reconhecimento consciente da interdependência inata de toda a vida na Terra, a fecundidade criativa da energia de vida que se manifesta por uma multiplicidade de formas nos reinos mineral, vegetal, animal e humano. É a conscientização de que uma visão ecológica adequada e a ação planejada são essenciais para o bem-estar do planeta. A totalidade planetária é realizada ao participarmos unidos de um destino comum. Depende do estabelecimento bem-sucedido das relações certas entre todas as formas de vida, principalmente pelo reino dominante da humanidade que tem o poder e a capacidade ambígua de interferir com todo o resto do mundo naturalmente equilibrado. Também é uma aceitação de que os Estados nacionais e as raças devem aprender a conviver em harmonia e que as barreiras nacionais são criações humanas arbitrárias. Pode desenvolver-se o conceito de uma cidadania internacional ou planetária, na qual cada grupo nacional, racial e cultural é considerado capaz de dar uma contribuição válida e vital para o enriquecimento de uma cultura planetária de abundância para todos. A unidade da vida começa a determinar as decisões internacionais.

As decisões são condicionadas pelos valores e prioridades daqueles que estão em posições de responsabilidade. Deve-se assegurar que os que são elevados a tais cargos tenham uma visão lúcida das relações humanas, confiando que eles realizem a função de guardiães temporais da saúde do planeta. Dessa perspectiva, vemos que os recursos do mundo foram dados para beneficiar todo tipo de vida e que há muita abundância disponível na Terra se esses recursos forem conservados e compartilhados. O princípio da distribuição pode propiciar um desenvolvimento mais equânime, para que os recursos de alimentos, de materiais, de qualificações e de conhecimento possam ser distribuídos em áreas necessitadas.

"Humanidade Una" considera que cada indivíduo é uma parte única da família humana, uma expressão singular da energia da vida e um contribuinte essencial para o potencial da irmandade planetária unida na causa comum para preservar a vida e melhorar sua qualidade em benefício de todos. É uma atitude mental que busca enfatizar a importância e o valor do indivíduo e da vida, numa tentativa de ajudar o desenvolvimento de qualidades latentes em cada pessoa e de intensificar o processo evolucionário. Obviamente, não há uniformidade entre as pessoas. A diversidade deve ser estimulada e não reprimida, baseada na idéia de que a liberdade deve ser usada com sabedoria, onde se espera que cada um pense, aja e se desenvolva segundo sua própria natureza e bomsenso, num clima de apoio mútuo. É um processo educativo destinado a levar a uma conscientização de nossa humanidade comum que transcende todas as barreiras divisórias do passado e do presente, barreiras de raça, classe, ideologia, estilo de vida, função social e sexo. Devemos nos lembrar de que tais barreiras não são imutáveis. Na verdade, tentamos perpetuamente reerguê-las baseados em padrões de comportamento repetitivo. Se decidirmos mudar, as barreiras serão desmanteladas ao longo do tempo. A escolha pode criar um novo mundo *"novus ordo seculorum"*, a nova ordem das eras.

Uma área de potencial transformação radical está na percepção de que as atitudes e valores de cada indivíduo expressos no cotidiano são a força criativa que condiciona o mundo em que vivemos. Certas opções pessoais que parecem sem importância, tais como comprar alimentos ou produtos de certos países, podem ter um impacto importante para o bem-estar de povos estrangeiros. Um exemplo atual é a decisão tomada por alguns de não comprar produtos da África do Sul, numa tentativa de fazer pressão econômica sobre o governo para acabar com as leis e atitudes do *apartheid*.

Certos ou errados, os indivíduos estão fazendo uma opção econômica baseados em valores e crenças pessoais para estimular uma mudança radical em outros lugares do mundo, independentemente da política de seus próprios governos. A percepção da interdependência econômica entre essas pessoas leva à escolha consciente de gastar seu dinheiro para ajudar os outros a se libertarem de restrições impostas. Coletivamente, isso se torna uma força criativa que, se ampliada pela energia da boa vontade humana, pode ser extremamente forte.

Se as atitudes são em princípio racistas, egocêntricas e preconceituosas por meio do racismo, ideologia ou religião, estaremos criando ou reforçando um mundo condicionado pelo medo, ódio, violência e relações falsas, com um resultado negativo que traz apenas sofrimento. Entretanto, se começarmos a adotar atitudes mais criativas, construtivas e abrangentes, baseadas na necessidade e no princípio do maior bem para o maior número e fundadas em relações honestas e abertas, implicadas pela visão de "Deus Uno, Mundo Uno, Humanidade Una", poderemos contribuir para a construção de um mundo melhor.

Um sinal dos tempos é que essa visão está se tornando um guia e uma motivação para muitas pessoas, reagindo ao espírito de boa vontade. Felizmente, há um crescente número de iniciativas para ajudar a manifestar essa visão planetária por aqueles que pensam e agem com uma perspectiva global e cuja influência atua como uma força positiva para o bem.

"Deus Uno, Mundo Uno, Humanidade Una" é uma idéia visionária arquetípica, uma diretriz a ser seguida nos níveis de realidade física, e que, na verdade, existia anteriormente no inconsciente, a nível unitário. É uma "semente" que incorpora uma verdade simples, mas profunda, que é muitas vezes esquecida devido à aparente confusão e complexidade do mundo moderno. Tem a capacidade de levar energias criativas a todos os homens e mulheres que buscam ser úteis para satisfazer as necessidades humanas. Indica, de maneira abrangente e simples, o caminho futuro para que a humanidade chegue à unidade global, e tem o poder de transformar as convicções e o comportamento humano, a fim de inspirar e motivar os indivíduos e os grupos a avanços sociais maiores. É uma visão que pode ser compartilhada facilmente através do mundo, em muitas línguas, mas que fala a cada um em sua própria língua e nível de entendimento, tocando uma corda profundamente ressoante em todos.

Há muitas formas de trabalhar essa visão, cada um em seu próprio estilo, de acordo com seus talentos pessoais, baseados no fato de que "a Energia segue o Pensamento". As pessoas podem unir-se por meio da mente e usar o poder do pensamento daqueles que estão motivados pela energia da boa vontade para tecer essa visão mais profundamente na estrutura da vida mental da humanidade, construindo dessa forma um reservatório de energia interior disponível para a implementação dessa visão de unidade planetária. À luz da semente, as diferenças individuais não são usadas para dividir, mas para enriquecer. Somos participantes iguais de um encontro como seres humanos na Terra. Através de barreiras nacionais, podemos cooperar com os corações e as mentes unidas para criar um futuro mais positivo. A semente pode tornar-se um "ser" vivo e vibrante, um guia planetário presente em todos que respondem a essa visão. Concentre seu pensamento nela, considere suas implicações e a direção que oferece para tomar decisões, medite com ela, compartilhe essa visão simples com outros e observe como esclarece e ilumina o caminho. E o mais importante: desenvolva e descubra sua própria compreensão dessa visão, traga luz ao mundo e viva-a no cotidiano, deixe que seja uma ponte para a Fênix renascida de um mundo recriado.

Conclusões

Para descobrir a abordagem correta de uma relação interior com Plutão, é essencial ter uma compreensão real da natureza dos opostos aparentemente contraditórios, ver este mundo de aparências dualistas da perspectiva do ápice do triângulo, ou Tao.

Por causa da natureza peculiar de Plutão, muitos relutam instintivamente em considerar qualquer forma de relacionamento consciente com essa energia planetária. Gostariam que ela tivesse a menor influência possível. Porém, inevitavelmente, essa é uma forma de negação e não uma abordagem da vida e do processo interior que deva ser encorajado ou recomendado nesta exploração do Plutão transpessoal.

Das profundezas às alturas, da escuridão à claridade, da imersão do mundo "objetivo" no mundo interior da mente universal, da animalidade humana à divindade humana, Plutão poderá guiá-lo para dentro e para fora desses caminhos, mas depois de ter passado por alguma forma de transformação pessoal você nunca mais será o mesmo.

Para Plutão, tudo na vida tem potencial de transformação, e não existe nada que possa ser considerado inaceitável ou tabu ao se trabalhar de maneira curativa e integradora. Isso reflete a ampla atitude tântrica na vida, que envolve um espírito de não-julgamento, de aceitação.

Plutão é o redentor e o purificador da escuridão e da negatividade pessoal e planetária, oferecendo-nos formas de lidar com tais problemas e indicando a rota mais sábia para o futuro da Terra.

O deus do Mundo Inferior, uma das muitas faces de Deus Uno, nos tratará impessoalmente, mas pode ser considerado por nós como um amigo que zela por nosso bem-estar. A futura saúde de nossa espécie e de nosso planeta está em nossa capacidade de fazer amizade com esse poder e em cooperar na tarefa universal de criar a luz a partir da escuridão.

Esse é o desafio que reverbera no mundo interior: externalizar a luz individual e planetária para o bem de todos.

Plutão pode ser um "destino obscuro" que impõe a mudança a uma pessoa resistente ou pode ser um "iluminado destino" enquanto colaborador.

Plutão espreita profundamente nos corações e mentes de cada um de nós e pergunta: "Qual é a sua escolha?..."

Leia também,
do mesmo autor:

RAINHA DA NOITE
Explorando a Lua astrológica

Desde os mais remotos tempos, a lua tem sido símbolo celestial da Grande Mãe Universal, o símbolo feminino da divindade e fertilidade da Natureza. Este livro explora o mistério profundo contido na Lua astrológica conhecida como o "Porteiro da Mente Inconsciente".

SENHOR DA LUZ
Explorando o Sol astrológico

O Sol foi considerado durante muito tempo o símbolo celestial do Pai Universal e o princípio masculino da divindade. Como a fonte da vida de nosso mundo ele tornouse o todo poderoso Deus-Sol de muitas das antigas religiões. Este livro explora o Sol astrológico e considera como os padrões solares do mapa astral podem revelar a jornada heróica que nos torna iluminados.

A seguir:

ESPÍRITO REVOLUCIONÁRIO
Explorando o Urano astrológico

O papel deste planeta no campo humanístico e transpessoal.

SONHADOR VISIONÁRIO
Explorando o Netuno astrológico

O planeta ligado ao idealismo revolucionário e a tendência à subversão.

Impresso na
**press grafic
editora e gráfica ltda.**
Rua Barra do Tibagi, 444 - Bom Retiro
Cep 01128 - Telefone: 221-8317